中华爱国
人物故事
ZHONGHUA AIGUO RENWU GUSHI

太平天国革命领袖洪秀全

邢 扬 编著

吉林人民出版社

图书在版编目(CIP)数据

太平天国革命领袖洪秀全 / 邢扬编著. -- 长春:
吉林人民出版社,2011.5
　(中华爱国人物故事)
　ISBN 978-7-206-07862-0

　Ⅰ.①太… Ⅱ.①邢… Ⅲ.①洪秀全(1814～1864)
–生平事迹 Ⅳ.①K827=52

中国版本图书馆 CIP 数据核字(2011)第 075719 号

太平天国革命领袖洪秀全
TAIPING TIANGUO GEMING LINGXIU HONG XIUQUAN

编　著:邢 扬
责任编辑:葛 琳　　　　　　　　封面设计:七 洱
吉林人民出版社出版 发行(长春市人民大街7548号　邮政编码:130022)
印　刷:鸿鹄(唐山)印务有限公司
开　本:670mm×950mm　　　　　1/16
印　张:8　　　　　　　　　　字　数:70千字
标准书号:ISBN 978-7-206-07862-0
版　次:2011年5月第1版　　　印　次:2023年6月第4次印刷
定　价:35.00元

总　序

胡维革

　　《中华爱国人物故事》是一套故事丛书。它汇集了我国历史上80位古圣先贤、民族英雄、志士仁人、革命领袖、先进模范人物的生动感人史迹,表现了作为中华民族优秀传统的伟大的爱国主义精神。

　　爱国主义是人们对于"生于斯、长于斯、衣食于斯"的祖国的一种神圣感情,是人们对于自己民族的一种强烈的责任感和使命感,是感召和激励整个中华民族的一面永不褪色的旗帜。在漫长的历史上,爱国主义一直激励着中华儿女为祖国的独立、统一、进步和繁荣而英勇奋斗。从伟大的思想家教育家孔子到统一全国的千古一帝秦始皇,从秉笔直书著《史记》的司马

迁到鞠躬尽瘁死而后已的诸葛亮,从伟大的浪漫主义诗人李白到精忠报国的民族英雄岳飞,从七下西洋传播友谊的郑和到抗击倭寇的民族英雄戚继光,从苟利国家生死以的林则徐到为变法流血的第一人谭嗣同,从威震敌胆的抗联将军杨靖宇到人民音乐家聂耳与冼星海,从踏遍青山人未老的李四光到万婴之母林巧稚,从县委书记的好榜样焦裕禄到情系雪域献身高原的孔繁森……都表现出了强烈的爱国主义精神。正是由于热爱祖国的人们前仆后继地奋斗,国家和民族才得以生存,历经一次次历史危急关头而能转危为安,走向兴盛和富强,从而屹立于世界民族之林。爱国主义是鼓舞中华儿女历经忧患、跨越沧桑、百折不挠、自强不息的伟大力量,它贯穿于中华民族的整个历史,并有力地凝聚着五洲四海的中国人。

　　爱国主义是一个历史的范畴，在社会发展的不同阶段、不同时期有着不同的具体内容。革命时期，需要我们为祖国的独立自主出生入死；建设时期，需要我们为祖国的繁荣富强增砖添瓦；在全国各族人民团结一心建设富强、民主、文明、和谐的社会主义现代化国家的今天，我们要争做一名新时期的爱国者。新时期的爱国者要有强烈的民族自尊心和自豪感。民族自尊心和自豪感是任何时期任何爱国者都必须具备的情感。民族自尊心能增强我们自立向上的恒心，民族自豪感能树立我们建设祖国的信心。要树立"祖国高于一切"的崇高信念，为了祖国和人民的利益不惜抛却个人的利益，甚至不惜牺牲个人的生命。要树立终身学习的理念，拓

宽自己的知识面,广泛吸收新知识新技术,完善自身的知识结构,更新学习知识的方法与理念,从思想上、知识上充分武装自己,为祖国的繁荣昌盛贡献力量。

爱国主义思想的继承和发扬,是关系到民族盛衰、国家兴亡的根本问题。一代代人爱国主义思想情操的形成,需要不断地培养。培养爱国主义的一个重要途径是向爱国主义的英雄人物和典范事迹学习。这套丛书的出版,对于人们向英雄和先进人物学习,特别是对于在中小学生中进行爱国主义教育,将可提供一些生动的教材。祝愿此书出版发行成功,为培养"四有"新人做出贡献。

于 2011 年 4 月 23 日

世界读书日

中华爱国人物故事

编 委 会

策 划:胡维革　吴铁光

　　　　林　巍　李达豪

主 编:胡维革　邢万生

副主编:贾淑文　吴兰萍

编 委:(按姓氏笔画为序)

　　　　于二辉　门雄甲

　　　　刘士琳　刘文辉

　　　　孙建军　李相梅

　　　　李艳萍　杨九屹

　　　　谷艳秋　陈亚南

　　　　隋　军　韩志国

目录
CONTENTS

目 录。
CONTENTS

农家子弟

1814年1月1日，洪秀全出生在广东花县（今花都区）福源水村，一个地道的农民洪镜扬的家里。据说是因为本命八字五行缺火，有相生相克之嫌，故取名火秀。读书时又按属"仁"字分辈，取名仁坤。洪秀全是他后

洪秀全故居

洪秀全妹妹雕像

　　洪秀全的妹妹叫洪宣娇，她不仅相貌端庄秀丽，而且武功高强，枪法极准，是太平天国能征善战的女将领。

来自己改的名字，因为"火秀"中带有"火"字，而上帝名"耶火华"，犯讳，故去掉了"火"字，加了"全"字。

　　洪秀全的家在广东花县官禄布，客家人。洪秀全的家族世系可追溯到宋代，其先祖洪皓，官居台辅，后来因得罪了秦桧，被处死。洪皓的曾孙子洪璞为南宋绍兴

年间的进士，曾在福建泉州府晋江县任县尉，又在福建传了几世，到了念九郎这一代，由潮州迁到嘉应州石坑磙下村。到了洪淞三这一代又从嘉应州签到了花县官禄布，以农为业，是花县官禄布洪姓的始祖。官禄布是个小村，比较偏僻。

洪秀全的父亲洪镜扬为人公正，又有才能，被村里人推举为"堡尊"，办事公正无私，深得村人拥护。洪镜扬娶了两个妻子，王氏和李氏，有三子即仁发、仁达、仁坤，但是洪秀全究竟是谁所生？这是个有争议的问题。李秀成在《自述》中说到洪秀全是李氏所生，其他两位兄弟均是王氏所生。但是在《太平天国起义记》中却记载兄弟三人均为王氏所生，李氏没有孩子。洪秀全还有

洪秀全故居的厨房

洪秀全学习的私塾

一个姐姐和一个妹妹。

　　洪秀全的家庭是个普通的劳动人民的家庭，以耕种为业。家中有几亩土地，两头牛，几件瓦房。官禄布在广州城北，三面平原，一面近山，土地还算肥沃。这个村当时大约有二三百口人，由于村里的农民饱受远近地主的剥削和掠夺，村民大多贫穷不堪。洪秀全他家的几亩地向来自耕自种，没有雇过工，但也没有向地主租过地。这样一户农家，每年收成之后，还要经受苛捐杂税的盘剥，贪官污吏的中饱，日子也不好过，但是比起其他无田少地的佃户来说，已经算是好的了，也就是因为

这样，只有洪秀全才有机会进私塾读书，而他的兄长在家种田。

1819年，在7岁时能够入私塾读书了，由于家境并不宽裕，所以他的读书费用，一方面是靠洪家节衣缩食，一方面也靠族人资助。

洪秀全不仅很聪明，而且还非常勤奋、好学，当时必须熟读的《四书》《五经》《考经》等等经书，他很快就能够朗朗上口，背诵下来了。除此以外，他还博览群书，凡是能找到的史书、文集，志怪、言趣等被视为非正统的书，他也都认真阅读。到了晚上，村里的老少爷们聚在一起乘凉，谈天说地，他不仅爱听，有的时候，他还要讲《三国》，说《水浒》，头头是道，时间长了，人们都说："洪家这个小火秀还真行，将来准是个秀才、状元郎！"

　　世代农耕的洪氏家里终于有了读书人，中国农民固有的光大门楣，荣宗耀祖的希望全都寄托在了洪秀全的身上。仅能维持小康水平的全家人，节衣缩食，尽最大的力量供他上学。他的刻苦与勤奋、聪慧与机敏，在师、友、乡邻之中人人称赞，因此，亲友们也常常赠送一些衣、物之类的生活用品来帮助他，就连私塾里的老师，也都愿意减免他的学费。在大家的帮助之下，洪秀全这位农家子弟，竟得天独厚地整整读了10年书，成了饱学之士。他不负众望，12岁时参加县试，就考中了童生。按照清代的科举制度，县试及格之后，就可以参加府试。府试对他来说意义重大，如果府试被选取上，那就可以

洪秀全卧室

参加院试，踏进仕途生涯就举目可望了。然而这次府试洪秀全未能考取，这对洪秀全来说无疑是心酸的，但这不是沉重的打击，因为他还年轻，也许这是个经验的积累，此次不行等到下次。洪秀全满怀信心，誓有不达目的誓不罢休的精神，毫不气馁，更加发奋读书，准备再考。

1828年，洪秀全16岁了，家里的生活日益艰难，温饱已经成了问题。这一天，洪镜扬把洪秀全叫到身前，看了他好半天，沉重地对他说："火秀娃，咱家的境况你也看到了，实指望你能出人头地，才让你念了这些年的书，家里倒也不缺你这个劳力，可念书的余钱又到哪去挣啊！狠狠心，别念了！"

洪秀全故居里的柜子

  懂事的洪秀全深深理解自己一生勤奋、靠双手苦挣的父亲，他深深地点了点头，对父亲说："我知道了。家里的活我能干，不去私塾我也能学习，一定不辜负您的期望！"

  这以后，洪秀全开始停学在家，帮助家里干起了农活。他每天早起晚归，好像要把几年的力量都使出来，报答自己的家人。夜里，他点起昏黄的油灯，继续苦读。劳累了一天的父亲，总是在屋角里陪他坐着，直到夜深，给他披上衣服，叹息着回到房中休息。就这样，在一年多的时间里，洪秀全自学了更多的知识。

  17岁那年，一位有钱人家的公子要到花县县城里去读书，知道洪秀全学业有成，就邀请洪秀全去陪读，父

亲洪镜扬觉得这次免费学习的机会很难得，就同意了。洪秀全拜别殷殷热望的家人，欣然前往陪读。他更加勤奋努力，省吃俭用，并与书友共同研讨，互相帮助，熬过了艰辛的陪读生活。一年多以后，洪秀全带着更加渊博的知识回到了故里。到了年节，洪秀全为大家写对书楣，家家欢喜，洪秀全的才学成了村民们的骄傲，他们相信，火秀一定能够取得功名，也有能力教导其他洪氏子弟耀祖光宗。

1830年，官禄布村的私塾正好找不到合适的教师，孩子们上不了学，村里人很着急，想起了洪秀全，人们把他请过来，让他在本村当私塾的老师。这个变化，使洪秀全的生活变得安定。在他担任教师期间，教学认真，态度和蔼，深受学生的喜爱，家长也都很尊敬他。洪秀全一连教了六年书，交了不少农民朋友，使他更加深对贫民生活的了解。

18年中，贫苦的农家生活，磨炼了他的体魄，也使他真正懂得了民间疾苦。寒窗苦读，又使得他饱读诗书，入塾为师，自食其力。从此，开始了他人生中又一个阶段的悲欢之路。

放弃科举考试

　　六年的教书生活，并没有使洪秀全放弃科举考试，他一心想跻身于封建官吏的行列。对于无权无势、出身贫寒的农家子弟来讲，此道之难，难于上青天。然而洪秀全是个有志的青年，他一刻也没有忘记为下一次的科举考试做好准备。

丫山倒影

　　在父兄和族人的支持下，1836年的春天，24岁的洪
秀全再次取得了参加府试的资格，怀着满腹文才，必胜
的信心，第二次来到广州，参加考试。再入考场，洪秀
全已是轻车熟路，下笔如神，答对准确而深入。这次一
定能考取了，洪秀全信心满怀。终于揭榜了，洪秀全再
次科场落第。

　　这次考试的失败，沉重打击了洪秀全。走出考棚，
他心中怏怏不乐，深深地失望，使他如履梦境，头昏眼
花，精神上受到了很大的刺激，回到住处，同住的一位
乡绅子弟正兴高采烈地收拾行装，要去拜师了。看到这
位平时口不成文，今日题名金榜的乡绅子弟，洪秀全难
以理解，空自叹息。

　　另一位未被录取的老童生见洪秀全精神沮丧、失魂

洪氏宗祠

洪氏古井

落魄的样子，便劝他说："算了吧，我考了一辈子，也懂了些考场规矩，像这些有钱有势的考生别看他才疏学浅，可毕竟是财大气粗，哪年还没有几个买来的秀才。再说了，咱们的祖宗三代都写在考单之上，主考官一看保人，还不知道谁该录取吗？还管什么文章好坏啊！"

听了这话，洪秀全十分气愤地问道："如此科举考试，哪能选出有用之才，难道朝廷里就没人管了吗？"

老童生苦笑着说："唉！还提什么朝廷！现在的官还不都一样，拉同乡，找同年，送金银，捐个官来当也是司空见惯的事，人家来考试，也不过是要买个升官的正途而已，贪赃枉法的事，还不比比皆是。"

洪秀全低头不语，他终于认识到了封建王朝的丑恶，更加深了对社会状况的了解。

心情烦躁的洪秀全到街上闲逛，走到龙藏街上，正好那里有人在发书，洪秀全随手拿了一本。这个送书的

清朝的官服

人叫梁发，他根据西方基督教教义，编写了一本叫《劝世良言》。主要宣传"在上帝面前人人平等"的思想，但是这里讲的平等是抽象的人，实际上还是在承认"上下尊卑贵贱"的前提下的平等，劝人接受社会已经存在的这个不平等现实，安分守己的和睦相处。说教人们放弃斗争，承认上帝的早有安排，对于当时处于水深火热的中国人民来讲，自然是不可取的。所以洪秀全看了看，没有重视，随手把它放进了书柜。

1837年，不甘失败的洪秀全第三次前往广州应试，结果初考时名列榜上，复试时功败垂成，洪秀全再次受到了极其沉重的精神打击，心灵蒙上了巨大创伤，终于忧愤成疾，一病不起，只好雇了一乘小轿，让人抬着回家。在家里，洪秀全连续40多天卧床。病中的洪秀全做了很多奇怪的梦，开始时梦见许多人在向他招手表示欢迎，他以为这是鬼神在叫他，死期到了，把父母兄弟叫到身边，痛苦地对他们说："我不行了，今生今世我无法回报父母对我的养育之恩、培育之情了，我对不起你们，对不起列祖列宗，我苦读寒窗，却不能为家族显赫扬名，惭愧啊！"说到这里，他双眼紧闭，失去了知觉，他又做了另外一个奇怪的梦，梦见一龙、一虎、一雄鸡走入室内。然后许多人奏乐向前，请他乘坐美丽的坐骑。把他带到了一处华丽而光明的地方，两旁聚集了无数高贵的男女敬礼欢迎洪秀全。下轿后，一个老妇人把他带到河边上，对他说："污秽的人啊！何以自暴自弃与那些人亲近，以至惹得满身肮脏呢？如今我必须把你洗净了。"随后又把他引到一座大殿，其美丽与华贵不可言喻。上有一老人，披着金发，穿着黑色长袍，巍然坐在最高的宝座上面，看着洪秀全，流着泪说："世界上的人都是我创造的，人人都吃我的粮食，穿我的衣服，但是没有一个人来纪念我、尊重我，尤其是邪恶的人，竟然把我赏赐的物品去拜祭鬼魔。这些人有意忤逆我，令我很恼怒，你不要去效仿他们。"

老人又给了洪秀全一把宝剑，对他说："你用它来斩妖除魔，但是不要误杀了兄弟姐妹。"梦的内容十分丰富，而且还有训斥孔子的一段，而且经常梦中大呼："斩妖，斩妖，斩啊！"

这个梦是由洪仁玕转述，记录在《太平

孔子像

天国起义记》里。但是研究者们认为这多数是不真实的。洪秀全成名心切，又屡次落第，精神上受到打击，生了场大病，这是事实。但是梦境中见到场景，是为了当时的政治需要改编的。因为当时洪秀全还一心想通过科举考试走向仕途，还没有反抗的心，不可能去反对孔子的。

1843年，在亲友、族人的一再催促之下，洪秀全最

后一次前往广州应试,再试不第的结局,已不再能够使他悲苦忧伤,他大概是抱着最后一次参加科举的心情,如果考取了,那就走上仕途大干一番,如果没有考上,也就永远的放弃走仕途的欲望。

这次报考和六年前思想上是不一样的,由于鸦片战争的爆发和广州军民的抗英斗争,都进一步暴露了清王朝的腐败,洪秀全不可能无动于衷,他已经开始对清王朝感到失望。回到家后,洪秀全把所谓的"圣贤"书掷于地上,声称不考清朝试,不穿清朝衣。

鸦片战争博物馆

创建拜上帝会

1843年5月，洪秀全带着苦闷与彷徨，来到三十里以外的莲花塘李氏宗祠去教书。初夏的一天，洪秀全的表兄李敬芳，来到莲花塘村塾探望他。两人都是私塾老师，好长时间都没见到了。谈话之间，李敬芳说道："好

久不见了，不知你又搜集了多少奇书，那时候的许多好书都是我们一起看的，如今可不要私藏啊。"

洪秀全笑着说："有书当然要一起读了，怎么敢私藏呢，几年来也没得几本好书，我的书都在这里，你自己看吧。"

李敬芳随手翻开书箱，找来找去，忽然发现《劝世良言》，不明内容，便问道："这本《劝世良言》倒未曾见过，不知是一本什么内容的书?"

洪秀全接过书一看，便回答说："这还是前些年在广州，从洋教士手中偶然得到的，大概有六七年了，是一本宣讲洋教的书，内容未曾细读过，无以为教了。"

洪秀全雕像

李敬芳一听是洋教的书，很好奇，临别之时，就借走了这几本书。几天以后，李敬芳来还书，并对洪秀全说："这本《劝世良言》内容新奇，同中国的四书、五经之类大不相同，很值得一读。"

《劝世良言》全书共有60多篇短文，其中26篇是从《圣经》中翻译和摘编的，其余都是作为宣传教义的教材而编写的。有的内容是梁发摘录一段经文，再加进去一段中国风俗人情，最后由英籍传教士马礼逊本人审定。

1807年伦敦差会派马礼逊来中国传教，进入广州不久后，便开始把《圣经》翻译成汉文，并印刷了两千部，为在中国广泛传教布道做准备。梁发是印刷工人，后来受雇于伦敦布道会，受到洗礼后加入了基督教，成了我国最早的基督教会员之一。

《劝世良言》主要宣传"在上帝面前人人平等"的思想，平等思想是贫苦农民梦寐以求的一种幻想。对于

洪秀全来说，早就想跻身于统治层中去，无非是想觅取一个和地主阶级权力上的平等，尽管这个权利是建立在对贫苦农民极不平等的基础上的，这一点对于当时的一个封建儒生来说是天经地义的事情。然而，这种争取权利的欲望破灭后，便产生了一种逆反心理，即对封建统治权力的不满，而平等思想就成了向地主阶级夺回权力的一种武器，这是洪秀全最容易接受的。

《劝世良言》里还有些内容打动洪秀全的心，例如其中有这么一段话："即如儒教亦有偏向虚妄也，所以把文昌、魁星二像立之为神而敬之，欲求其包庇睿智开广，快进才能，考试联捷高中之意。然中国之人，大率为儒教读书者，亦必立此二像奉拜之，各人亦都求其保佑中

魁星阁

文昌帝君

举、中进士、点翰林出身做官治民矣。何故各人都系同拜此二神，而有些自少年读书考试，乃至七十、八十岁，尚不能进门为秀才呢？还讲什么高中乎？难道他不是年年都拜这两个神像吗？何故不保佑他高中啊？"这段话像一根针刺痛了洪秀全，他不就是醉心于仕途，年年求文昌、魁星庇佑，而屡次应考不都落了第吗？在《劝世良言》的启迪下，看清了"大成至圣先师"和"文昌帝君"的本质，早已萌生的反叛之心受到"唯一真神"的鼓励，因而以极大的魄力，毅然抛弃了作为中国二千多年封建主义精神支柱的孔教，并与自己固有的儒学伦理相决裂，接受了唯一真神皇上帝，走出了觉醒的第一步。

洪秀全接受了《劝世良言》的说教之后，便决心要建立拜上帝会，按照书中所说的入教程序，首先必须接受洗礼。洪秀全和表兄李敬芳一同来到郊外，面对着朗

朗青天，跑下来，按照《劝世良言》中所描述的宗教仪式，把从河中取来的清水相互洒在头上，自行洗礼，对天祈祷，并许愿：从此以后，不拜邪神，不行恶事，恪守天条，皈依上帝。从此，拜上帝的信念始终支配着他，并幻想着通过宗教宣传来改善社会道德，以救国、救民、救世。不久，洪秀全返回本村，向亲友宣传崇拜偶像的愚蠢与罪恶，信拜上帝的必要。他的密友冯云山和族弟洪仁玕与他有相似的经历，一同研读《劝世良言》，接受了洪秀全的宣传，并请他施行洗礼。冯云山生于1815年，比洪秀全小一岁，家住花县禾落地村，和洪秀全是同窗好友。

洪秀全建立拜上帝会是想以教治道，用基督教的道义，即平等思想、劝人为善等等，来改造当时社会的不良风气。洪秀全认为得到《劝世良言》这本书，是上天的安排，对书里面的内容深信不疑。不论书中有多少消极错误、唯心理论，但他把这些和传统孔教放在一起比较时，就成了他所追求和信仰的东西了。如对皇上帝绝对服从，绝对承受其思想的奴役和肉体的奴役，他也都继承了下来。

洪秀全在吸收冯云山、洪仁玕入教时还写过一首诗：

神天之外更无神，

何故愚顽假作真？

只为本身浑失却，

焉能超出在凡尘。

表现出对敬拜上帝所表示的决心和虔诚。洪秀全和李敬芳在建立拜上帝会时候，铸造了两把宝剑，剑上写有"斩妖剑"三个字，誓要拿剑斩妖除魔。

魁星阁

向传统势力挑战

　　按照拜上帝会的教义，凡加入拜上帝会的人，只能信奉皇上帝。除此之外，一切神都是偶像，都是邪神，都不得相信。要使拜上帝会在群众中产生影响，就必须把矛头指向在中国影响最大、根基最深的儒教，即孔子的地位和思想。这一点洪秀全颇有气魄，一开始就选择了以孔子作为攻击对象。

　　洪秀全居然敢抨击孔子，这在封建社会是任何人都不敢想的。洪秀全敢这么想也是因为他所处的年代正是世界资本主义潮流激烈冲击的时代，他有新的平等思想做武器，有皇上帝做靠山。他把社会的落后、停滞，都看成是孔子的影响。要想改造社会，就要斩断旧社会用来束缚人思想的枷锁。

　　洪秀全三人分别将各自书塾中所有的孔子、文昌等偶像一律打碎，清除出去，并且向学生宣布：再不拜邪

魔孔夫子，要想脱俗返圣，出人头地，消灾避邪，只拜上皇上帝。这在当时是一件了不起的大事，轰动了乡间的百姓。洪秀全等人去除孔子牌位受到了封建世俗的强烈反对。

洪秀全和他的同伴冯云山、洪仁玕到处宣传教义，劝人入会。尽管他们讲的都是劝人为善，不信邪神，不做恶事，要信奉唯一真神皇上帝。不少群众听了他们讲的，也觉得很有道理，但是敢靠近他们的人不多，愿意

文昌帝君像

灶神

接受洗礼的人更少了。有一次，洪秀全去曾经教过书的五马岭传教，找到几位好友向他们宣讲道义，这几位好友对他敢于反对孔子大吃一惊，以为他犯了疯病，怕他惹出是非，派人把他送回家去了。洪仁玕的宣传也被村里人斥为"疯狂愚蠢之事"，即使有些年轻人想要接受洗礼，总要遭到父母的责骂。后来因为他打碎学校的孔子牌位，致使学生不敢去上学，得罪了村里的封建势力，被辞退。这几位书生终归敌不过根深蒂固的封建势力，他们先后被迫丢掉了教席，被赶出了学校。

为了宣传真道，他们还在花县一些乡村进行游说，但收效甚微。和封建势力积怨日益加深，于是三人决定离家出游，去外地宣传教义，这也是为什么去广西传教的原因。

1844年，洪秀全与冯云山等人离开花县，想要寻找一个合适的地方宣传真道，同时也对当时社会现实进行考察。他们先来到广州，发现广州人还和以前一样，对基督教不感兴趣，而且广州是外国基督教士经常传教的地方，洪秀全等人认为在广州打开局面是不容易的。于

文昌帝君庙

是，他们很快离开了广州，沿珠江三角洲的顺德等地进行传教，但发现百姓普遍反映都很冷淡，有的甚至反感。洪秀全等人不可能在这些地方进行宣传拜上帝会的教义，随后又北折来到清远。这里的私塾正好缺少老师，洪秀全就给洪仁玕去信，要他到清远任教。洪仁玕当时闲置在家，接到信后，便赶到清远。在这里当了老师，闲暇的时间就宣传拜上帝会，同样收效甚微。

当洪仁玕到达清远的时候，洪秀全等人已经离开了清远。他们靠着沿途贩卖笔砚得到的钱来做旅费，风餐露宿，跋山涉水，宣讲敬拜上帝的道理，还手抄了不少小册子送人，为争取信徒，做出了很大的努力，付出了许多艰辛。不过，这次旅行所走各县，所见所闻，对他们颇有启发，尤其是亲眼看到生活的最底层农民群众的

洪秀全故居纪念馆

贫困和困苦，辛苦劳动了一个年头，到头来却是衣食无忧，难以聊生。在洪秀全看来，这些贫苦的农民是最容易受到拜上帝会的教化的。可是，出乎意料，这些农民根本对拜上帝会不感兴趣，无论洪秀全怎么对这些农民讲，信奉皇上帝可以消灾避难，避免蛇虎咬人，听者仍是无动于衷。

最糟糕的是，除了冯云山之外，和洪秀全一起传教的人都因为道路太过艰辛，打了退堂鼓。后来，冯云山决心和洪秀全到南江排，沿途荒山野岭、人烟稀少，交通极其不方便。洪秀全和冯云山生活无着，一连四日，忍饥挨饿。幸好在一个小村庄遇到了一个姓江的教书先生，见到他们很是高兴，热情地接待了他们，一起畅谈到深夜。这位教书先生接受了洪秀全的宣传，加入了拜上帝会。但是这是个山区，语言也不畅通，也不是发展新教的地方，江先生对他们慷慨解囊，赠送了他们一部分路费。南江排地处广东、广西、湖南交界，再往南就到广西了，恰巧洪秀全在广西有个亲戚黄盛均可以投靠。就这样，洪秀全第一次告别了广东，出省到广西去。这是洪秀全第一次告别了广东，出省到广西去。

洪秀全和冯云山经过长途跋涉终于来到了赐谷村，洪秀全的亲戚家。黄盛均见到洪秀全十分高兴，对洪秀全和冯云山热情接待，住在了他家里。不久后，凭借洪

秀全和冯云山的学历和与乡亲们的交往，取得了乡亲们的好感，让他们到该村当私塾老师。这样他们白天给孩子们上课，晚上就走街串巷宣传拜上帝会教义。偏僻的小山村把这看作是个新鲜事，到处传闻，附近不少的村民都过

洪秀全雕像

来听洪秀全宣教，而且洪秀全口才极佳，信教人数有一百多人。

　　这次的传教受到了老百姓的欢迎，这是为什么呢？有一件事情使洪秀全打动了这些贫困的老百姓。黄盛均的儿子因被人诬陷，进了牢房，当时官府十分黑暗，尽管他是无罪的，县官也知道他是无罪的，想敲诈一笔钱，但是黄家很贫穷没有钱去打理，他的儿子也就放不出来。洪秀全来到赐谷村后，黄盛均请求洪秀全帮忙。洪秀全就给县令写了一份禀帖，禀帖理由堂堂正正，县官又看黄家确实也没有钱，就卖了个顺水人情，同意把他给放了。这让村民们感到洪秀全很是厉害，而洪秀全也借这个机会告诉村民这都是上帝的权能，保佑着我呢。这一举动，鼓舞了很多贫苦的农民，许多人都纷纷主动要投

靠拜上帝会。

那时还有这样一件事，体现了上帝的"厉害"。六乌神是客家人和当地壮族人都信仰的，偏僻的乡村，迷信十分盛行。六乌神一年四季香火不断。拜上帝会的教义是不准拜其他邪神的。但是由于六乌神香火太旺盛，很多加入拜上帝会的人，还偷偷地祭拜六乌神。洪秀全认为六乌神是拜上帝会的阻力，势必要把它除掉。

于是洪秀全带领会员，擂着大鼓，讨伐六乌神。到了那里，别人都不敢靠前。洪秀全在墙壁上举笔题诗：

举笔题诗斥六乌，该诛该灭两妖魔。

满山人类归禽类，到处男歌和女歌。

坏道竟然得传道，龟婆无怪作家婆。

一朝霹雳遭雷打，天不容时可若何！

写完用笔杆狠狠地往神像上一戳，大喝一声："斩妖！"六乌像竟然应声而倒！

原来六乌像年代久了，被白蚁蛀空，这才挡不住洪秀全这一戳一吓，摔了个粉身碎骨。围观的百姓被蒙在鼓里，认为洪秀全受到了皇上帝的庇佑，法力无边，才能斩了六乌神而不被惩罚，当时被折服得五体投地，纷纷奔走相告，一时间洪秀全的壮举传遍远近，短短几个月就有几百人加入了拜上帝会。

洪秀全这一举动，得罪了当地的封建绅士，纷纷起来反对洪秀全。也有一些人认为洪秀全说的有些道理。那时是雨季，白蚂蚁猖獗，恰巧洪秀全怒斥六乌神庙不久，白蚂蚁把庙中的木头都蛀空了，六乌庙突然倒塌，使得更多人相信洪秀全所说的皇上帝了。

不久，洪秀全想要和冯云山等人离开。因为去留的问题和冯云山起了冲突，最后冯云山离开了赐谷村，不愿和洪秀全回到广东。

洪秀全因为黄盛均的儿子没有被释放出来，被留了下来。后来黄盛均的儿子被放了出来，在群众中影响很大，借机又发展了一批会员。洪秀全离开了赐谷村，想要寻找冯云山。听说冯云山已经回到了广东，但是洪秀全回到官禄布才知道冯云山并没有回来，人各有志，冯

洪秀全塑像

云山肯定按照自己的设想走自己的路了。

洪秀全在家乡继续当私塾老师，同时他也没放弃传教的工作，开始编写教义，在编写教义中阐述拯救中国的理论。由于洪秀全以身作则，劝人为善，在村里的威信越来越高，不过在村中接受洗礼的人还是不多，但从思想上接受洪秀全劝人为善的道理却日益增多，村里的风气等到了很大的改善。

洪秀全根据《劝世良言》的部分内容，吸收了封建思想的部分意识中的内容，除了照搬皇上帝外，其他内容都经过改造，使其适应了当时的中国国情。

洪秀全奋笔疾书，写下了《百正歌》《原道救世歌》

《原道醒世训》《原道觉世训》等50多篇的文章和诗歌。他希望能改变世俗人心，改造黑暗的社会，解除人类的灾难困苦，天下一家，共享太平，从而表达了他以道德改善来改造现实社会的愿望。

走上革命道路

1847年3月，洪秀全在写完《原道觉世训》的初稿后，来到广州礼拜堂学习美国牧师罗孝全处学习《圣经》。

洪秀全在花县创立拜上帝会的事，传到罗孝全处，他对洪秀全的传教很感兴趣，托人给洪秀全带个话，让他来广州。洪秀全因为有事情没有前往。后来，罗孝全的助手又给洪秀全写信，想让洪秀全到广州来，帮助他一起传教。第二年春，洪秀全和洪仁玕决定来广州学习。

这时候的洪秀全，在思想上是极其复杂和矛盾的。他反对孔子，在创拜上帝会初期，砸烂私塾中一切孔子牌位，可是在后期他写《百正歌》等文章的时候，丝毫没有半点批评孔子的词句，相反把以孔子思想为主线的儒家经典当作正义的一方。其实这也不能怪洪秀全，他从小就受到的是儒家经典的熏陶，头脑中也是儒家思想划分的是与非，没有系统地从资本主义那里吸收有效的思想武器。他很自然就得从儒家经典中寻求优秀思想，来约束人的思想和行为。

正是由于他对西方基督教的教义了解的少

洪秀全像

之又少，所以他觉得有必要进一步学习《圣经》，进一步武装理论。更重要的是，洪秀全还没有取得传教士的洗礼，不能名正言顺地进行传教。

洪秀全在广州待了四个月，在这期间，广州曾发生过英军准备强行入城和广州人民反对英军进城的斗争，附近的乡民纷纷自发地组织起来，反抗侵略者。这对洪

秀全影响很大，一个模糊的念头在脑海里渐渐形成。他的爱国思想正在社会实践中慢慢发生变化。

这一天，罗孝全来到洪秀全处，对他说："你潜心研究教义，精神可嘉。你也多次请求接受正式洗礼，我今天就想同你谈一谈，有关你所通晓的基督教义。"洪秀全把自己所知的教义向罗孝全进行了讲述，并且感愤时事，激动地说："诸如中华皇帝、孔教、文昌都是鬼怪妖魔，誓当斩尽，否则，上帝之光难以照耀中华，人间平等何来大地。"可罗孝全认为，如此所述，虽有基督教之影，却无基督教之实，背离了基督教中的平等思想，不乐而去。不久，两个教堂中的助手，又有意排挤洪秀全，挑

基督教福音堂

拨关系，罗孝全更觉洪秀全信仰不确，人品不端，竟把洪秀全要求洗礼的事无限期拖延下去，不予进行。

洪秀全没有得到洗礼，是对他的传教事业的一种打击。但是他在广州学习《圣经》期间又学习了外国的科

三元里抗英纪念碑

学、历史、地理等书籍，开阔了他的眼界。看到广州人民的反侵略斗争，知道了真正的力量在群众手里，加上罗孝全对他的不友好，使他打消了通过传教改造腐败的中国社会的设想，他毅然地离开了广州，去广西寻找冯云山，把希望寄托在他的身上。这个思想动机使洪秀全最终走上了农民起义的义无反顾的道路。

紫荆山的拜上帝会

盛暑骄阳，洪秀全身上带着仅100枚铜钱踏上了步行前往广西之路，栉风沐雨，备尝艰辛。这一天，刚刚走到肇庆府境内一个叫梅于讯的地方，忽然窜出一伙穷凶极恶的强盗，抢走了他的行李和仅有的一点钱。身无分文、饥寒交迫的洪秀全陷入困境，进退两难。他横下一条心，不管将来如何，硬着头皮乘上一只船，坚持西进。在船上，他忍受着饥饿的折磨，忧时感事，愁烦无语，他的情形被同船的四位乘客所发现，见他气宇不凡，温文尔雅，虽然是个饱学之士，但看起来既无病又无痛，却强制节食，唉声叹气，感到非常同情，猜他一定遇到了困难，便主动靠过来，和他攀谈起来。洪秀全便把途中遇强盗的情况告诉了他们。这四位乘客慨然相帮，同船7天当中，不仅招待洪秀全在一起吃饭，而且还代付了船钱，临别之时又拿出600枚铜钱赠为路费。洪秀全西行跋涉了一个月，一介书生，吃尽了未经之苦，终于到达了广西贵县赐谷村。

到了那里，洪秀全立即询问起冯云山的情况，黄盛均告诉他，冯云山在紫荆山创立拜上帝会，已经有许多的人入会了。洪秀

全听到很是高兴，两天后，在表侄的陪同下来到了紫荆山。

冯云山和洪秀全分手后，来到了桂平县的紫荆山。他来这里宣传拜上帝教义，并通过努力发展了一批拜上帝会会员。随着拜上帝会的发展，洪秀全的名望也在紫荆山地区树立起来。洪秀全的名字就是以上帝代表的身份出现的，紫荆山谁都知道有位洪先生，却不见其人，往往越是神秘的东西，越能使人产生崇敬，洪秀全的威望越来越高，影响也越来越大。

冯云山也在这里发展了一批太平天国的领袖人物。

在烧炭工人里，他发现杨秀清为人仗义、豪爽，在烧炭工人中颇有威望，就去做了杨秀清的工作，从交朋友到谈革命，也正因为这样才激起"天下奇才"的热情。在发展杨秀清之后，又立即发展了另一个烧炭工人萧朝贵入会。

萧朝贵本是天地会一个小头目，又是杨秀清的好友，经杨秀清介绍与冯云山认识，他对冯云山的宣传很感兴趣，很快加入了拜上帝会。运用杨秀清和萧朝贵的地利、人和，由他们出面串联，组织拜上帝会、发展会员。很

东王杨秀清

东王
杨秀清
1820—1856

快，紫荆山的拜上帝会就有了一个中坚力量。

1846年冬，紫荆山的拜上帝会发展异常顺利，冯云山想起了赐谷村得最早发展的一批拜上帝会的兄弟，特地来到黄盛均家，重新发展黄盛均等加入拜上帝会。从1844年到1847年，两年多的时间，由于冯云山的努力，拜上帝会组织迅速发展。

洪秀全和冯云山的这次紫荆山会面，是太平天国革命史上一件大事。冯云山是打着洪秀全的旗号进行传教的，虽然他没有在紫荆山露过面，却是紫荆山拜上帝会的精神领袖，在会员中有很大的权威和影响。他的到来对拜上帝会来说，每个会员都会受到极大地鼓舞，并意味着拜上帝会将会有一个新的发展。

洪秀全的围巾

捣毁甘王庙

　　1847年10月洪秀全看到紫荆山的拜上帝会的会员积极性都很高，觉得是时候开展反对邪神偶像的活动了，他认为这样可以扩大影响，使更多人加入拜上帝会。洪秀全从黄泥冲迁居高坑冲，继续为武装反抗清朝政府做准备工作。一路上，几乎每到一处都有许多的甘王庙，

甘王庙

甘王庙

相传是十分灵验的。当地人对甘王都很忌讳，连他的名字都不敢说。途经象州的时候，只见这里人山人海，男女老幼全都纷纷围着一个好大的甘王庙烧香叩头，诚惶诚恐，一幅恭敬、虔诚的样子。洪秀全也走上前去，向烧香的人打听："这的甘王庙有这么灵验吗？怎么这么多人都烧香啊？"信徒们听他言语不恭，对他说："这个甘王好厉害的，你年轻人可别口没遮拦，招灾惹祸啊！"到了高坑冲，他特意向房东打听有关甘王的事情。原来，传说甘王爷是一个凶神，曾经活吃了自己的母亲，还到处奸淫妇女，无恶不作，给山区人民带来巨大的灾难。人们怕这位甘王爷降灾降祸，就筹款给他修建了一座甘

甘王庙近景

王庙，并规定每年3月28日为甘王庙会。到了这天，山区人民都爬山涉水到象州甘王庙焚香上供，否则，轻的要遭灾闹病，重的还会家破人亡。像这样一个凶神，谁还敢不敬畏有加，烧香磕头呢。洪秀全又问道："这么多的甘王庙，为什么唯独象州的甘王庙最灵验呢？"房东告诉他："象州的甘王可不得了，据说有一次，象州的州官老爷乘轿经过甘王庙，也没进去烧香。那甘王见州官对他不理不睬，官气十足，当时就把神灵附在了一个少年身上，硬是冲上前去，把州官老爷从轿上给拖下来，逼着州官老爷进庙烧香、磕头。还专门给甘王塑像披上一件龙袍才让他走的，那么大的州官老爷也没敢拒绝甘王的要求，怕的就是丢官遭灾，家破人亡。"这儿的甘王有这么大的神威，到处流传，人人都知道的。所以，不论远近的人都争着去象州敬拜，祈求去祸消灾，谁敢不信啊！洪秀全想到，人人都信甘王，谁还来拜皇上帝，不破除对这些邪魔歪道的迷信，哪还有唯一真神的权威呢。经过与冯云山等人的商议，洪秀全决定，为了扩大拜上帝会的影响，确立唯一真神皇上帝的权威，一定要先拿这个神力最大、香火最盛的象州甘王庙开刀，用这种打翻邪神偶像的办法，夺回神权，用行动来证明皇上帝的威力。洪秀全和冯云山等人来到庙里，洪秀全用一根长竿猛击甘王塑像，大喝道："我是真命天子，你认得我吗？"接着便宣布甘王的罪状：打死母亲；冒上帝功劳；受人跪拜，迷惑上帝子女心肠；诱赚上帝子女肉食；缠捉上帝子女灵魂；教唆细妹同年共坐及唱邪歌、奏邪乐、

甘王庙屋顶

行邪事、作怪作妖等等。然后洪秀全和众人一起将甘王塑像的眼睛挖出，胡须拔掉，帽子踏烂，龙袍扯碎，手脚扭断。再把庙里的香炉、祭器等等一律捣碎。再拿起竹竿，痛打甘王的残破泥身。洪秀全在庙里墙上挥毫题诗一首：

> 题诗行檄斥甘妖，该灭该诛罪不饶。
>
> 打死母亲干国法，欺瞒上帝犯天条。
>
> 迷缠男妇雷当劈，害累世人火定烧。
>
> 作速潜藏归地狱，腥身岂得挂龙袍。

接下来，洪秀全大步走到庙外，拿出一张事先准备

拜庙用的香炉

好了的除妖布告，贴在了庙外墙上，转过身来，又郑重地对围拢过来的百姓说："我是奉了上帝的命令，代表上帝亲自到这里来，专程捣毁这个妖魔的。从今天起，上帝命令这个妖魔，永远不准再在人世间作妖作怪，迷惑人间百姓。上帝还有命令，凡是住在这附近的百姓，永远不准重新建立这个妖魔的庙，不许再崇拜这只邪魔。如果有人胆敢对抗如上命令，一定要和此妖魔一样，治以重罪。"围观洪秀全捣毁甘王庙的当地人一下子议论开了，这个说："这个洪秀全可真是了不起呀，不知靠的什么力量，竟然把法力无边，报应灵验的甘王神像打翻在地了。"那个说："这还真得看看谁的本事大，神可不好惹的呀！""你看那洪秀全还不是安然无恙吗，可这甘王却已被打得个稀巴烂了，这甘王咋不用整治州府老爷的本事来显个灵呢？""可不是吗，看来这甘王还真服了这上帝的命令了。""可不得了了，要是甘王服了上帝，任他砍头、断脚，自认妖魔，不敢反抗，这上帝可是真神仙。""好个真神，咱这凡夫俗子可不敢不听他那天条了，消灾避祸，全凭这真神仙吧。"这一群群的百姓你指指，他点点，都觉着洪秀全战胜了甘王爷，称得上是天下第一奇人了！于是忽啦啦跪倒一大片，发誓再也不拜邪魔，都崇这个真神仙了。

　　人群一散，洪秀全率领众会员捣毁甘王庙这件事，一下子就传向了四面八方。各个城、镇、村寨越传越多，越传越神。从此，无论远近，人人都知道有个奇人洪秀全了。人们又纷纷在各地放弃了一度信奉的甘王庙，改信了真神拜上帝会，一时间，加入拜上帝会的信徒增加了好多人。人们再也不怕封建官府用来吓人的神鬼妖怪了，反抗官府的勇气也增加了。洪秀全趁热打铁，彻底摧毁套在人们精神上的封建神权枷锁，带头发动紫荆山、金田等地的拜上帝会会员，采取激烈的行动，把紫荆山区以内左右两水的社稷神明纷纷捣毁践踏，祭器、香炉一律打碎。并且把人们供奉的雷庙、三界庙、阡庙中的偶像，以及灶神、稷神、坛神、土地、伯公石等等，全部毁弃，从而进一步扩大了拜上帝会的影响力。

有砸庙的，就有护庙的；有痛快的，就有心疼的。地主阶级靠的就是鬼神迷信来作为对农民的精神统治工具，拜上帝会会员在紫荆山、金田等地掀起的毁神庙，打偶像活动，自然引起地主豪绅的惶恐与愤恨。在紫荆山区石人村里，就有这么一个道貌岸然而又异常奸诘的恶霸，叫王作新。他不仅有钱有势，而且还经办地方地主武装——团练。他仗势欺人，横行乡里，包揽词讼，无恶不作，反倒中了个秀才。当地群众对他又畏又恨，称他是"王老虎""食（石）人王"。他听说他的父亲倡建的蒙冲雷庙被拜上帝会给捣毁了，就好像毁了他父亲

祭器

一样，捶胸顿足，号啕大哭，立即派人去抓肇事者。他们找不到洪秀全，就把熟知的冯云山逮捕起来，交给保正押送解官。拜上帝会的会员闻讯后，在押解途中抢回了冯云山。于是，王作新向桂平县（今桂平市）衙门控告冯云山，说他假借宣扬皇上帝的妖书，结成同盟，有意践踏社稷神明，又说他要追随西鬼洋人，不遵从清朝法律，要求县府严拿查办。当时拜上帝会已是声威大震，遍及贵县、平南、藤县、陆川、博白等处，桂平知县也慑于拜上帝会的声势，害怕扩大势态，引起农民动乱，自己也就难逃责任，乌纱不保。因此，也不敢为王作新所付小利，轻举妄动，便采取大事化小，小事化了的态度。认为王作新所诉不实，明明是因为捣毁社坛引起的争执，却偏偏捏造罪名，言过其实，因此拒绝受理此案。可王作新并不甘心，竟然亲自率领团丁把冯云山及一些会员一起抓走，以"阳为拜教，阴图谋反""先打神，后打人，争王夺国"为罪名，押送到大湟扛巡检司处，投入了监狱，再出贿巨款，非要置之于死地而后快。

　　听到冯云山被捕入狱的消息，洪秀全急忙赶回紫荆
山设法营救。在困难时刻，洪秀全忽然想起，两广总督
耆英已经奏准清朝皇帝，准许中国人和外国人信仰并宣
传基督教，为了不暴露准备反抗清廷的情况，他准备利
用这一合法方式营救冯云山出狱。于是，他把自己的想
法与紫荆山的会员认真进行协商之后，便火速赶往广东，
准备向总督衙门禀告，请求释放因信教而被捕入狱的冯
云山等人。然而，他的计划却无由实现，完全落空，只
好急急返回广西。一筹莫展，空自焦急之余，洪秀全只
好把对冯云山深情地眷念和炽热情感融进诗中。与此同

洪秀全纪念馆

时，紫荆山拜上帝会会员自动筹集几百串钱，买通了浔州知府和桂平知县，具禀提出传教无罪的申诉，终于以无业游民之名释放了冯云山，并派了两名差役押回原籍广东。押解途中，冯云山一路宣传拜上帝的道理，又讲了朝廷的腐败，百姓的困苦生活。两名差役也是穷人出身，见冯云山句句是实，都是为了老百姓能过上好日子，哪是什么犯罪，就问冯云山："你讲的这上帝是不是奇人洪秀全讲的上帝，专治妖魔，救护穷人的呀？"冯云山说："正是洪教主讲的上帝，我们连甘王一类的妖魔都不怕，还怕什么衙门、豪绅这种小妖魔吗？将来我们奉命斩妖的时候，要把他们一律诛杀，我看你俩也是穷苦人，才讲清道理，千万别再追随邪魔，以免受难遭殃，只有信奉唯一真神上帝，才能避祸消灾，过好日子。"两人一听如此，可不跟着邪魔遭灾了，一商量，干脆放了冯云山，跟着冯云山到了紫荆山，也加入了拜上帝会。

1848年冬天，洪秀全和冯云山回到故乡花县。他们经常到山野之间相聚，秘密协商发动反清起义的准备工作。为了进一步坚定会员的信仰，他们经过长期谋划，杜撰出了一个动人的政治神话，这就是历史上著名的《太平天日》。

1849年7月，洪秀全和冯云山回到紫荆山区，广泛宣传《太平天日》，使拜上帝会影响更加深远，许许多多

的老百姓不分男女老幼，携带家眷、家财，成群结队地来加入拜上帝会，与以前相比，情景大不相同了。由于徒众日渐增多，难免时常出现会员与官府、地主豪绅之间的冲突，形式发展，已使拜上帝会的政治目的日益明显，为免行迹暴露，洪秀全立即着手筹划起义的具体事务。一场席卷全国18个省的天国风暴，已到了山雨欲来的前夜。

天王府遗址西花园

物色英雄人物

　　洪秀全在紫荆山住了三四个月，对拜上帝会的领袖人物，他都一一拜访。当时在紫荆山杨秀清、萧朝贵最有名，洪秀全首先亲自拜见了杨秀清。在和杨秀清进行了短暂的交谈后，评价杨秀清为"此天下奇才也"。之后，洪秀全便经常去看望杨秀清，为探讨拜上帝会的前途和发展的步骤，经常谈心到深夜。当然，洪秀全之所以经常去拜访杨秀清和萧朝贵，不仅仅是看中了他们的才能，更主要的是，杨秀清和萧朝贵在紫荆山根据地有很大的号召力，有了他们的加入，使紫荆山的拜上帝会就有了比较坚定的领导核心。

　　太平天国的领袖人物石达开和秦日纲都是贵县的人。当时贵县的龙山有个银矿，聚集了一千多个工人。这些矿工大多是穷苦农民，深受地主阶级的残酷压迫，生活十分低下。当时，洪秀全和冯云山第一次来广西时候，

就曾到过龙山矿场，在这里建立了拜上帝会。那个时候拜上帝会的会员人数并不多，但是这次洪秀全的到来，结识了秦日纲，并通过了秦日纲的关系，发展壮大了龙山矿区的拜上帝会。这批加入拜上帝会的矿工，不仅仅成了拜上帝会的中坚力量，而且在秦日纲的带领下成了太平军中相当彪悍的部队。

关于石达开是怎样加入拜上帝会的传说很多。有一种说法：石达开少年的时候曾做过牛贩，有一次在石龙

翼王石达开

圩粉摊上碰到了洪秀全，两人素不相识，洪秀全听到石达开的口音知道他不是当地人，就问他："你是哪里人？"

石达开回答道："奇石那帮人。"

洪秀全高兴地说："太好了，我正想到奇石去。"

石达开问："你到奇石去做什么呢？"

洪秀全告诉他要找石达开。石达开听了很高兴，但并没有通报自己的姓名，只是说："要找石达开，跟我去就是了。"

于是，石达开就把洪秀全领到了家里，盛情款待。吃过了晚饭，两人海阔天空地交谈，很投机。这时候，石达开才爆出了自己的身份，洪秀全惊喜交集，两人一直谈到深夜。末了，洪秀全从怀里掏出了一本书送给石达开，说："你看了这本书，就可以懂得很多道理了。"

另一种说法是：石达开的母亲生病了，叫人到石龙圩请医生开药方，石龙圩药店的伙计就叫他去找洪秀全。石达开的母亲吃了洪秀全的药后，病全好了，石达开亲自去感谢洪秀全，因此，两个人就结识了。

当然这些都只是传说而已，具体石达开是怎么加入拜上帝会的，怎么结识洪秀全的，我们都无法考证，但是这些都表现了洪秀全求贤若渴的心情。

石达开

金田起义

　　金田起义的前夜，正是鸦片战争后十年。中国社会的主要矛盾，是农民阶级与地主阶级之间的矛盾。这种矛盾的尖锐化，可以追溯到一个世纪以前。原来清初经过明末农民大起义和入关后的战争，社会经济在遭受严重破坏之后，到十七世纪末已经逐渐恢复起来。利用社

会经济生活比较安定，地主阶级贪得无厌地进行积累财富，于是出现了土地被兼并和商业与高利贷发达的现象。

封建的中国，在1840年鸦片战争中，开始被卷入西方资本主义的漩涡里面。正当西方资本主义侵略者刚刚侵入中国的时候，全国各地，到处孕育着革命的种子。英国的鸦片，腐蚀了清朝的统治，英国的大炮，也惊醒了中国广大人民。中国社会正在起着空前未有的大变化，不论南方与北方，城市与乡村，全部都动荡起来。起义的农民，已经在中国的广西点起革命的火把，烽火烧遍了全广西，终于爆发金田起义。

由于拜上帝会力量发展壮大，各地的会员普遍建立了"大馆"的分支机构，由过去的秘密活动转变为公开准备。洪秀全还亲自带领会员们把各地、各家的土地公公、灶王老爷、神主牌位统统砸烂。打神庙、毁神像，更加刺痛了封建地主阶级。因此，拜上帝会会员与地主团练、清朝兵勇之间的矛盾更加尖锐了，并且不断发生流血争斗的事件。天灾人祸，官逼民反，拜上帝会的会员面对官府、豪绅的敲诈、捕杀，已经忍无可忍，起义反清已成为拜上帝会会员和广大人民群众的共同愿望。

揭竿而起的大好时机到来了，各项准备也已经就绪。在万事俱备的时刻，多年压抑，韬光养晦的洪秀全兴奋异常，一种改朝换代、荡清寰宇的强烈愿望勃然而发。为了表述难以压抑的激情，他挥笔写下了气势恢宏的诗篇：

> 近世烟氛大不同，知天有意启英雄。
>
> 神州被陷从难陷，上帝当崇毕竟崇。
>
> 明主敲诗曾咏菊，汉皇置酒尚歌风。
>
> 古来事业由人做，黑雾收残一鉴中。

1850年6月，洪秀全派人到广东花县，把他的亲戚族人、一家老小全部接到广西，解除了反清起义的后顾之忧。之后，洪秀全发布总动员令，派人前往各县，紧急通知所有拜上帝会会员迅速向广西金田集中，将分散的力量凝聚起来，练兵备战，准备起义。

命令下达以后，紫荆山下金田地区几千名会员首先

集中起来，冲击介垌村恶霸和甘皇邻村地主、讼棍，兴师问罪，分光了他们的钱粮财物。紫荆山区壮村瑶寨三千会员汇集一处，有仇报仇，有怨报怨，一把火烧掉了无恶不作、追捕过冯云山的地主王作新的家。

石达开率领贵县千名会员祭旗誓师，取道六乌山口，开拔到桂平白沙圩。开炉造炮，广集会员，队伍扩充到四千人，开往金田。

龙山千名矿工在秦日纲率领下挥师东进，途中与三千客家人汇合，到达金田。粤、桂交界地区广大拜上帝会会员闻风而动。黄文金集中会员以后，在博白、廉江地区打败了地主团练，汇合附近会员，同进金田。途中遇到闻讯堵截的清兵、团练，他们奋起神威，冲破清兵队伍，取得了胜利。

金田起义旧址

油画金田起义

　　平南鹏化山区汉、壮、瑶族会员千余人，查抄了反动团总的家，处死了几个地主恶霸。这时，他们听到消息说教主洪秀全正隐居在平南花洲。于是，他们非常兴奋地赶到了花洲，去拜见教主。洪秀全热情接见了鹏化会员，把他们与当地会员合编一处，守卫花洲。

　　正在大家兴高采烈的时候，忽然一个会员匆匆忙忙跑来，向洪秀全报告："报告教主，远处有大批清兵向花洲开来。"洪秀全立刻命令胡以晃率领会员沿花洲布置抗敌。原来，拜上帝会的大集中，已经使清政府感到了威胁，就在鹏化会员前往花洲的同时，清政府也探知在平南花洲住有拜上帝会的首脑人物。于是就派了浔州协副将、平南知县、秦川司巡检等将领率着大批清兵，赶往花洲，要杀尽拜上帝会首脑人物，永绝后患。胡以晃奉令防卫花洲，立刻派会员占据了有利地形，正赶上清兵到来，众会员奋起冲杀，打得清兵措手不及。清兵将领见花洲有备，便依仗优势兵力，团团包围了花洲。紧急关头，洪秀全亲临前线，查看了形势以后，果断决定，不能与清兵纠缠，立即派人冲过清兵封锁线，赶往金田请兵增援。拜上帝会会员誓死保卫洪秀全，都纷纷请战。胡以晃决定派出一队会员佯装突围，另一队会员乘机突破封锁，翻山越岭而去。正在金田练兵的杨秀清接到消息以后，立即组织大批会员，火速赶往花洲，增援教主洪秀全。清军见大批拜上帝会会员漫山攻来，一下子乱

秦日纲金田起义

金田起义浮雕

了营阵。洪秀全乘势下令花洲会员奋起攻击，清军溃不成军，败下阵来。杨秀清看准了敌军帅旗，一箭射去，清军主帅中箭而亡。这一下，清军自相践踏，纷纷四散奔逃了。杨秀清进入花洲，拜见洪秀全："报知教主，清军已溃，花洲已彻底解围，秀清恭代全体会员，迎接教主主事金田，共举义旗！"洪秀全扶起爱将，立时决定："众会员结队集中，同往金田。"他们带着胜利的微笑，离开了平南花洲。

到1850年下半年，两万多名拜上帝会会员全部集中到了洪秀全的旗帜之下，完成了向金田集中的任务，从而揭开了武装反抗清朝政府的序幕。

金田起义之前，最重要的一项准备工作就是把拜上帝会的兄弟整编成军事组织，并规定出必要的纪律约束。这是一项十分复杂的工作，因为拜上帝会的会员都是来自紫荆山周围各县的农民、矿工以及烧炭工人。不论是

弄明还是烧炭工人、矿工，都是分散经营的个体劳动者，缺乏严密的组织性和纪律行。而且加入拜上帝会时大多是举家入会的。想要把他们变成太平军，是一件不容易的事情。

头一项工作，也是洪秀全最坚持的，就是把男女分成男行和女行，严格按照性别分开，即便是夫妻也不能同住。这个措施在革命初期起到了积极作用。因为太平军是要作战的，如果在作战时候拖家带口，就军不成军，民不成民，势必会影响战斗力。分开之后，男兵可以专心作战，一部分年轻女兵也能配合作战。其他妇女老幼可以集中转移。这样也会增加太平军的战斗力。加上一家人分散在各个部队里，虽然不在一起，但作战时为了保卫自己的妻小也会奋力去打击敌人的。

同时，在部队的经济生活是实行平均主义的"圣库制度"。它是按照拜上帝会"人无私财"的原则建立起来的。规定凡举家加入拜上帝会的，要将田产房屋变卖，将一切似有财产交到公库，全体衣食都由公款开支，大家一律平等。

刚刚编制起来的太平军从四面八方汇集到金田，尽管各支部队大多已按军制编制军队，部队来自四面八方，一支部队一个山头，如果没有一个共同遵守的纪律，士兵的行动是很难步调一致的。于是洪秀全在金田起义之前，就对全体太平军将士颁布了5条纪律：

一、遵条命；就是遵守《天条书》及其他一切条款。

二、别男行女行。

三、秋毫莫犯；就是不许乱拿群众东西，损害群众利益。

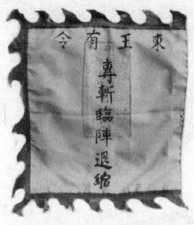

金田起义军旗

四、公心和傩，各遵头目约束；就是和睦相处，服从各级头目的命令和指挥。

五、同心合力，不得临阵退缩；就是作战要勇敢，不得临阵退缩。

这5条军纪，既简单明了，便于执行和检查，又体现了《天条书》的基本精神，是太平军的生活和行动准则，此后制定的许多纪律和条款，都和这个有关。

1851年1月11日，这一天是洪秀全的37周岁生日。杨秀清、萧朝贵和冯云山等人，率领太平军全体将士为他祝寿。太平军战士手执梭镖、大刀，雄赳赳地来到韦氏祠堂前面。

在一片祝捷、祝寿声中，洪秀全起身走向高台，向

金田起义天命诏旨书

全体会员庄严宣布："从今日起，我们拜上帝会正式宣布开始反清起义，并正式定名为'太平天国'。在此，我正式颁布《五大纪律诏》，请全军将士一体遵行，为追求天下太平，奋勇斩尽清妖，创建一个平等、平均、人人幸福美满新社会!"

一场轰轰烈烈的农民起义就这样开始了，金田村升起了太平天国的第一面旗帜。起义后，太平军蓄发，头包红巾，不遵清王朝剃发结辫的规定。因此日后被清朝官吏咒骂为"发匪""长毛"。

大胜清军

　　金田起义的第三天，洪秀全率领着太平军开始离开金田，向东出击，一举攻占了距离金田村二十多里的江口圩。太平军占领江口圩后，清军立即部署兵力包围江口圩。江口圩是浔江、大湟江和鹏化水的汇合处，上通桂平、贵县，下连平南、苍梧，是个商业要道。清政府急忙调派钦差大臣李星沅，指挥湖南、贵州、云南等省

洪秀全故居

军队围攻。当李星沅知道太平军已达到万人时候，意识到这是一股可怕的力量，只有消灭了太平军，其他会党武装便会自动瓦解。他立即传书，让向荣的部队到江口圩附近的河口驻扎，与江口圩隔江相望，这不足以给江口圩的太平军造成威胁。随后改变战术，从东西两面向太平军作包围之势。

太平军在牛排岭一带扎营设防，东、西、北三面受向荣的部队包围。南面有知府刘继祖率张钊、田芳等队伍的阻拦。但向荣因为吃过败仗，所以不敢贸然进攻，等到援兵到达后再开战。2月18日，清军总数以达到一万余人，向荣在李星沅的一再催促下，向江口圩、牛排岭的太平军进攻。

太平军在牛排岭迎敌，当时清军炮火十分猛烈，从上午一直打到中午，也未分胜负。太平军按照计划遭到伏击后佯装后退，向荣虽然不敢过于轻敌，但也没有正确估算到太平军的作战能力。由于清军武器优于太平军，向荣便以为太平军果真不敌败退，立即下令全线出击、追袭。当向荣的部队冲到盘古岭下时，沿路地雷猛发，伏兵四起，清军措手不及，被太平军打得大败，清军伤亡惨重。这一仗是太平天国起义后的第一场胜仗。

向荣屡攻不果，只好收集残兵封锁了浔江水道，以优势兵力形成对江口圩的包围，企图以守为攻，困死太平军。洪秀全驻兵目的已经达到，果断统帅太平军乘敌之隙撤离江口圩，抛开强敌，经过金田，翻过紫荆山。进入武宣县境内，设立大营于武宣东乡。向荣带领的清军发现太平军已乘夜西去，仓皇起营追来，在三里圩东岭一带扎营对垒，

仍想消灭太平军。洪秀全早已胸有成竹，趁清军远道而来，立足未稳，部署未定之机，指挥太平军主动出击，冲乱清军营盘，继而主动撤离，诱敌深入到台村、灵湖一带，伏兵四起，奋勇杀敌，诱敌之兵席卷而回，前后夹击，几乎全歼了清军。灵湖大捷，军心大振，百姓欢呼。洪秀全在万众祝捷声中，在武宣东乡宣布"登极"，正式称"天王"，加封杨秀清、肖朝贵、冯云山、韦昌辉、石达开为太平军五军主将。

正当此时，清军采用以守为攻、步步为营、连营进逼的办法，不断增兵，企图再次困死太平军。洪秀全率领将士在东乡一带浴血奋战两个多月，连挫清军。为了避开锋芒、避实击虚，避免无谓伤亡，5月15日，太平军再次乘夜突然撤离东乡，进入象州。象州清军猝不及防，太平军长驱直入，几天内就攻占了县城等要地。半个月后，清军轰然而至，步步紧逼。洪秀全率部主动攻击，夜袭清军大营，再败清军。清军屡败之后，又采取包围战术，切断太平军粮草供应，并不惜巨金，收买内奸，妄图瓦解太平军。清廷重臣赛尚阿也抵达桂林，调集大军云集象州。面对危局，洪秀全当机立断，制造假象迷惑清军，秘密下令全军悄悄撤离象州，重返紫荆、金田地区，凭险设防。就在太平军撤退的同一天，赛尚阿指挥三万多清军兵分两路，直扑太平天国发祥之地紫荆、金田。太平军也分兵两路，奋勇迎敌。清军利用大雾做掩护，猛攻东乡进入紫荆山区的唯一隘口猪仔峡和紫荆山西北门户双髻岭，并一举攻破。危急时刻，杨秀清执行天条，处决了临阵退缩、阴谋投敌的叛徒，洪秀全鼓励将士斗争到底。清军长驱直入，包围太平军于仅

有十里的狭长地区。生死关头，洪秀全颁布诏令，号召各军将士同心同力同向前，奋勇杀敌，并且宣称万事都有天父做主，天兄承当。坚定将士信心，从容指挥太平军大量砍伐竹林，捆扎竹筏，伪造成将从水路突围的假象。继而当众赋诗："真神能造山河海，任那妖魔一面来！天罗地网重围住，尔们兵将把心开。日夜巡逻严预备，运筹设策夜衔枚，岳飞五百破十万，何况妖魔灭绝该！"太平军将士瞩目主帅临危不惧，处险不惊，挥毫歌咏的气势，备受鼓舞。9月11日，在成功地迷惑清军之后，太平军利用中秋月色，攀山越涧，脱离险区，攻克平南思旺圩。全力加强浔江防务，计划乘太平军突围围歼的清军，直到第二天才发现太平军人去营空，急速追赶，并调兵阻截。洪秀全率军突然回头，袭击向荣大营。向荣猝不及防，一败涂地，只好收拢残兵，仓皇逃窜。太平军乘胜前进。

攻克第一座城市

　　太平军在象州突围之后，即决定攻取永安州。洪秀全做了如下部署：以萧朝贵、韦昌辉、石达开为首，率陆队沿湄江夹江而行。洪秀全、杨秀清、冯云山亲率水路由湄江溯江而上。陆路部队进入藤县以后，按洪秀全、杨秀清的命令，驻扎5天，招收新兵，藤县及周围未参加团营的拜上帝会成员，纷纷携家小加入。后期太平天

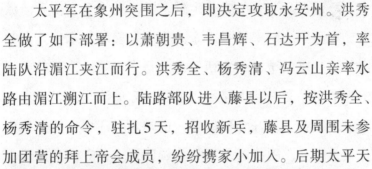

国的二骁将李秀成、陈玉成就是在此时加入太平军队伍的。那时陈玉成才14岁，是个幼稚未脱的孩子。

经过5天休整和扩充兵源之后，洪秀全、杨秀清派左二军帅罗大纲率精兵千余人直取永安城。永安（今蒙山）是一座山城，东北西三面全是崇山峻岭，只有南面稍为平坦，有一条大路可以通行。守城清军由于事先缺乏思想准备，只好仓促部署，由知州吴江率一部分兵勇在城中镇守。副将阿尔精阿率领四百士兵守城南要地水窦。罗大纲轻易夺取城南之要地水窦，阿尔精阿败退城中。9月25日，太平军大队人马陆续到达，组织攻城。罗大纲派遣部下搜集大量爆竹，于9月29日夜间点燃，投掷城内，顿时满城硝烟弥漫，遂令守军大起混乱。罗大纲趁着烟雾弥漫混乱之机，搭梯子攻入城内，不久破城。城中守将吴江、阿尔精阿见大势已去，投井自尽。

10月1日，也是攻克永安州城的第7天，洪秀全、杨秀清、冯云山从水路到达，随即进入永安州。城里城外打扫得干干净净，锣鼓声、鞭炮声响个不停，列队欢迎洪秀全等人。入城当天，为防止将士进城后不能抵御物质利益的引诱，洪秀全首先申明军纪，告诫太平军，凡攻城杀敌所得金银绸帛宝物，一律交归圣库，并公布了赏功罚罪的具体方法。洪秀全还派人下乡宣讲太平天国的政策：天兵入境，专为杀妖，希望百姓各安生业。凡愿参加太平军的，有吃有穿。

洪秀全还对金田起义时颁布的5条纪律做了修改，变成《太平条规》正式颁布，其内容是：服从命令，爱护群众，遵守纪律，男女别营，缴获归公以及保护武器等。简明扼要，容易记忆。对于永安城内的地方豪绅，太平军首先要他们捐献钱粮或武器，如拒绝，则发动群众出他的谷，杀他的猪，没收他的家产，其中罪大恶极、民愤极大的就杀头。

永安建制、封王

太平军在永安驻扎半年多的时间里，除了军事上的斗争和队伍的锻炼之外，最重要的两件事就是建制和封王。

早在起义之前，洪秀全就对太平天国的各种制度有过酝酿，并有初步的设想，已经有许多项目正在实行之中。但是，作为制度定了下来，并公布实行，大多在永安期间，由洪秀全亲自主持，由冯云山等人协助制定的。

《太平军目》就是奠定太平天国军事制度的重要著作。《太平军目》还详细规定了各级名号，全军旗帜、号衣、号帽都有统一规定，各级官兵，职责分明。后来又规定各军要设立军册。而部队的供给，则设立圣库制度，人人平等。

除了《太平军目》外，洪秀全、冯云山还制定其他军事纪律，如《太平条规》，所列《定营条规》十要，是约束将士的十条纪律，而《行营条规》则具体规定在行军时将士的职责、纪律，特别规定行军时不得燃烧民房，不得妄杀老弱无力的挑夫，不得在百姓家吃饭、毁坏民房，掠夺百姓财财物。这些有关群众纪律的规定，保证了太平军的纪律严明，有较强的战斗力，是军队能够长期朝气蓬勃、克敌制胜的重要原因。

洪秀全的龙袍

　　洪秀全的思想整体还是没有离开农民生产者的思想范畴，他想建立一个区别于清王朝的新朝，以此来改善人民的生活，过上土地平分、财产平分的人人平等的生活。

　　1851年12月17日，洪秀全以天王的名义下诏，对原有的五军将领实行封王。封杨秀清、肖朝贵、冯云山、韦昌辉、石达开为东、西、南、北、翼王，明令所封各王，俱受东王节制。

　　值得注意的是，洪秀全在封王的同时强调其他王，要协助杨秀清的工作，而杨秀清是替天王负责，有点集体领导的意思，多少带点民主的思想。

粮草尽永安突围

尽管乌兰泰与姚莹实施的南北夹攻计划实施已有时日，但进展不大，咸丰帝焦急万分，敦促起用被冷落一旁的向荣。赛尚阿无奈，便令向荣总办永安北路军勇。向荣用半个月时间完成了移营计划，来到古排，其前锋逼近太平军阵地。加上刘长青部，北路清军已达两万人。与此同时，南路也集结了大量清军。其中张敬修的东勇、潮勇六千人，驻扎在六黎冲口；刘继祖督带的天地会叛军张钊的水勇一千人，驻守蒙江水口；藤县翼勇三千人，驻守摩天坪。到年底，围困永安的清军已达四万六千人，远远超出太平军的人数。

乌兰泰与向荣南北两支大军向永安一步步进逼。赛尚阿又使用了过去常用的战略，封锁太平军与外界的联系，切断其物质来源。

太平军进驻永安时，因正值收获季节，粮米筹集了

太平军使用的弩

不少，足足可用几月，但食盐一直紧缺。同时，制造弹药的芒硝则更加紧张。到12月份，在与清军的交战中，太平军的枪炮声变得稀稀拉拉，用血肉之躯抵挡清军的枪子炮弹，这似乎过于残酷。清军的大炮一阵紧似一阵，不仅轰击太平军的城池哨所，而且不断向城内中心地带轰击，就连天王府和东王府也受到炮击。天王府的围墙及东王府的厢房都被炮弹轰塌。不仅太平军首脑的安全受到威胁，而且影响了军事部署和决策。

这天傍晚，很少出门的洪秀全郁郁寡欢地来到东王府，与东王商讨对策。

"走吧。"洪秀全流露出无可奈何的神态。

"好好的一座城池，就这么丢下了吗?"杨秀清坐在那雕龙刻凤的红木椅上诘问道。

"你是不是舍不得你这个东王府呀?"洪秀全打趣道。

"有什么舍不得的? 现在主要考虑是留好还是走好。"

"你分析一下吧。"

"留下来，"杨秀清抬起腿，把脚放到椅子上，"这是一座难得的城池，清兵想攻下来，也不是那么容易，在这里多少有一些安全感。但现在最大的问题是，咱们已经弹尽粮绝，而敌人的兵力在日益加强，这样拖下去的话，对咱们会越来越不利。走，会创造机遇，会得到希望，比如，攻克桂林，或者其他比永安更大的城市，是完全有可能的。这样，走比留好。但后果也不是没有，如果出走后失利，咱们就会退到以前那种地步，留落墟间地头，缺衣少食，东躲西藏，被动挨打。"

"我看还是走好。"洪秀全说，"我并不反对留下来，但必须打开补给线，对此，你有信心吗？"

这话说到了要害，杨秀清脸色变得发白，"我一直在

洪秀全纪念馆内浮雕

这么想，也在这么做，但都失败了。往往打开一个通道，不久又被清兵给切断。终究敌兵多于我们，而且我们的重兵都在防守，因为这关系到总部的安全，关系到太平天国的存亡。"

"既然补给供不上，我看还是得走。"

"唉！"杨秀清叹了一口气，"真没想到，我们连这么一座城都守不住，成了流寇。"

"话不能这么说。"洪秀全仰起头笑道，"这叫黎明前的黑暗。用不了多少时光，光明就会降临。"

"走！也只能如此了。"杨秀清狠狠心说。

赛尚阿察觉到太平军已经穷途末路。当务之急不是攻城，而是防止太平军逃窜。经分析，清军在东路的布防最为薄弱，自李瑞在古苏冲口被贼军劫营后，这里只有王梦麟部率二百五十名黔军驻守，再往东，也只有王或所督潮勇一千五百名驻扎大峒、仙回一线。尽管太平军在各个方向进行突围的试探，但东路出逃的可能性最大。

"往东路增兵！"赛尚阿下达了指令。

和春、长瑞、邵鹤龄三总兵立即率四千余人，从城北出发，向东开来。

太平军识破清军动向，立即组织兵力阻截，两军在马背岭发生激战，太平军获胜，清兵东进计划一时难以实现。

这时，咸丰帝寄谕赛尚阿，"带兵各员严密攻围，断不可再任窜逸"。如果放走了太平军，将要对"带兵大员重治其罪，决不宽贷"。

赛尚阿惴惴不安，因为东线防御堪虑。如果有一天太平军出其不意地从东路出逃，确实难以抵挡。"那可如何是好？"赛尚阿急得汗一下子从脑门上流下来。

在永安扎营整整半年的太平军开始向东突袭，旨在扫清东线障碍。王梦麟部的二百五十人哪是太平军的对手，急忙退守古苏冲口内，据险设防，妄图堵住太平军突围。

赛尚阿接报后，也只有急调现有兵力全力抵挡，因为从其他方向向东集结的兵力，一时还难以赶到。

此间，太平军正紧张地做着突围前的一切准备。

半年了，大家真有点舍不得离开这里。在营房里，每一个人都在打点行装，把自己喜爱的东西带上。

天王下达突围诏令，已是 1852 年 4 月 4 日。洪秀全要求大家遵守纪律，英勇杀敌，为了方便行军，丢弃包袱，轻装上阵，等最后胜利了，金银绸缎都会有的。

第二天傍晚，永安城上空乌云翻滚，雷声大作，大雨滂沱。

"抓住时机，出发！"洪秀全下达了突围令。

太平军骁将罗大纲率领的两千名先头部队顶着大雨，衔枚疾行，向古苏进发……

太平天国纪念馆内浮雕

　　由于王梦麟已经退守古苏冲口，太平军的突围几乎没有受到阻挠。加上雷电交加，大雨倾盆，周围守军大多缩在营房，对东走的太平军毫无察觉。

　　罗大纲走后，紧随其后的是韦昌辉率领的前卫部队，该部既是罗大纲的预备队，以备必要时出击，又承担保卫总部的重任；第三部分是太平军总部、家属及部分军需物资，由冯云山指挥，洪秀全、杨秀清也归入此部，但主要负责指挥全军；最后一部分是后卫部队，由坚守水窦的秦日纲掩护全军撤退，由萧朝贵督军。

　　在突围行动中，一般先锋和殿后两支部队任务最为艰巨，成败主要看这两支队伍前进中的得失。此次突围，

由于前进障碍不是很大，因此后卫工作更加艰巨。临行前，洪秀全握着秦日纲的手说："你的任务很重。"

秦日纲信誓旦旦地说："天王放心，有秦日纲在，清兵休想跨前一步。"

洪秀全拍拍秦日纲的肩膀说："有把握就好。"

凌晨丑时，赛尚阿才接到太平军东走的消息。

"给我堵住！"赛尚阿气急败坏地吼道。

而乌兰泰部获悉秦日纲已经弃寨而走的消息已经是凌晨五更，等他扑到水窦重镇，已经人去镇空。

此时，行动迅捷的太平军已全线撤出永安城，罗大纲的先头部队冲入古苏、大峒一线，击溃王梦麟的黔兵与王或的潮勇，扫清了前进的障碍，为全军的前进提供了安全保障。

洪秀全纪念馆内浮雕

突围取得了成功。太平军将士都有一种如释重负之感。

太平军大队开进古苏冲，翻越龙寮岭，把大营设在昭平的六内村，全军老弱妇幼则散处于永安、昭平交界一带的山区。负责殿后的秦日纲部队在古苏冲口拒敌。

太平军突围，对赛尚阿来说，是一个致命的打击。如果不能将太平军截回来，或不能在运动中将太平军消灭，赛尚阿将无法向咸丰帝交差。他立即制订方案，命令向荣、乌兰泰全力围剿"出逃"的太平军。

乌兰泰也紧追不舍，与张敬修等合军，使兵力达一万余人，首先追到古苏口，与秦日纲部队发生冲突。向荣、刘长青部也相继赶到，与乌兰泰军会师，突破冲口太平军防线，逼近龙寮岭。

敌人乘雾正向这边袭来，并很快控制了制高点龙寮岭。向荣率领的清军从两翼猛扑平冲谷口，顿时杀声四起，由于人数过于悬殊，太平军虽英勇反击，但寡不敌众，秦日纲部队伤亡近千人。

再说龙寮岭，李增锐被杀，只剩秦日纲还在寻找生机。结果在龙爪岩与乌兰泰手下的忠源部遭遇。由于寡不敌众，秦日纲边战边逃，最后除几十人随他翻越龙爪岩逃生外，其余全部牺牲。

洪秀全获悉龙寮岭大败后恸哭道："是我轻视了后卫，没有给他们配备足够的兵力。"

赛尚阿在向咸丰帝的奏折中说："总计两日杀贼二三千人名，生擒百余名，亦即阵前斩首，夺得贼马百余匹，大炮十余位，其余抬炮、鸟、刀矛、器械、农物无算。"

洪秀全用过的筷子筒

直取金陵

　　太平军撤出全州后，原的计划是沿湘江向北前进，直取长沙，因在湘江上的一个重要渡口受到阻碍，随后扬帆东下，由陆路进抵湖南永州城西。太平军占领道州后，广西布政使劳崇光与总兵和春虽带领清军一万二千余人尾随而来，但都是屡次被太平军打败的疲惫之师，只是进行围堵，不敢进行强攻。于是，太平军在此得到一个休整补充的机会，开始进入迅速发展壮大的时期。

　　早在广西全州时，太平军的领导者们对进军方向就有各种议论，占领道州后，对这一重大战略决策问题再次进行了商讨。洪秀全主张下广东，杨秀清主张出湖南，石达开主张入四川，还有一部分将领主张回广西。经过议论，基本上统一了认识，决定进军湖南、湖北，然后东取金陵（今江苏南京）。

　　在道州，太平军领袖们除了决定进军方向外，还由东王杨秀清、西王萧朝贵联名发布了三篇檄文，揭露清王朝的黑暗统治，列举其民族压迫和封建剥削的种种罪行；号召有志之士，同举义旗。道州一带是天地会频繁活动的地区，在革命檄文的号召下，当地人民踊跃参军，使太平军迅速补充了两万余人，总数达到五万以上。太平军在这里整顿队伍，增修战具，制备军火，铸炮三百余门，军事实力较前有很大增强。

清廷为实现其四面堵截，一举歼灭太平军于道州的企图，屡命钦差大臣赛尚阿、两广总督徐广缙等加强长沙、衡州及湖南水陆要隘的防守，在粤、桂、湘、赣边界要地派兵控制，阻止太平军向北、东、西突进，又从河南、陕西、四川、江西等省调兵进入湘、鄂。

　　太平军明确了战略进攻方向之后，便积极准备向长江流域进军。8月10日放弃道州，经宁远、蓝山、嘉禾、桂阳州（今桂阳），于17日攻占了湖南重镇郴州（今郴县）。太平军在这一带又扩军二三万人，并将其中数千挖煤工人集中编组为"土营"，专门担负挖地道、埋地雷、炸城堡和掘壕筑垒等任务，在以后的作战中发挥了重要作用。

　　太平军占领郴州后，和春、江忠源率清军两万余人尾随而来。赛尚阿也从永州移营到衡州。由于他调度无方，清朝政府下旨严厉斥责："该大臣奉命出征一年有余，历次奏报军情，不过派兵尾追，并未迎头截击，出奇制胜，所谓调度者安在？"随即撤销其钦差大臣职务，改命两广总督徐广缙接替。

　　萧朝贵探听到长沙守兵较少，而且城外民房还未被拆毁，如采取突袭，攻取长沙易如反掌。萧朝贵的这个方案得到了洪秀全的同意，于是8月下旬由西王萧朝贵率总制李开芳、御林侍卫林凤祥等两千余人，想要经郴州迅速赶到长沙,对敌人进行突然袭击。为避开清军主力，奔袭部队不走耒阳、衡州大道，而绕经永兴、安仁、攸县、茶陵、醴陵，太平军于9月11日到达长沙南门外妙高峰一带后，便准备攻城。这时长沙守城清军约仅四千人，但是当时由于不熟悉地形，误认为天心阁（城内

东南角落的高楼）为城门。当发觉这不是城门后，各军都早已关闭城门，不敢出战。太平军未能收到奇袭的效果，只得连日强攻，但因兵力不足，难以奏效。在第二天的攻城战斗中，萧朝贵中炮受伤，不久牺牲。太平天国又失去了一位重要领袖。

萧朝贵的部将火速地把这个消息上报给了洪秀全，洪秀全、杨秀清、石达开等得知萧朝贵在攻打长沙时牺牲后，自然是悲愤交加，为了给西王萧朝贵报仇，势必要夺取长沙。于9月25日放弃郴州，率领全军进攻长沙。10月13日赶到长沙时，清军和春、江忠源和向荣部已先期到达，加上其他各路援军，敌人兵力已达五六万人。由于长沙城守渐渐趋于稳固，太平军失去了乘虚攻取的

战机。再者清军拥有三千斤、五千斤大炮，置高处轰击，更增加了攻城的困难。清廷为加强统一指挥，命新任钦差大臣徐广缙立即赶至长沙，统筹军务，徐广缙拥兵一万余人，由桂入湘，沿途逗留，直至12月11日才抵长沙，实际上未起作用。

太平军大队驻扎南门外，北面有部队阻止回省城，西面是湘江，前有和春、江忠源部阻拦，后有赛尚阿部尾随，形势十分不利。10月14日、15日，太平军连续出动六七千人发起进攻，遭到清军的顽强抵抗，伤亡惨重。17日，石达开率领二三千人渡过湘江，控制西岸龙回潭等要地和湘江中的水陆洲（即橘子洲），并在江上搭造浮桥，使东西声势联络，初步改变了兵力密集城南一地，难以展开的被动态势。但向荣也跟着率部过江，并于10月31日率兵三千余人从西岸渡江进犯水陆洲，企图截断太平军的东西联系。太平军埋伏于洲南树林中，而以零星骑兵佯败诱敌，待向荣部深入后，伏兵旁出，抄袭敌后。清军大败溃逃，死伤千余人。向荣乘马凫水过江，幸免于死。11月10日，湘江东岸的太平军采用穴地攻城法，轰塌长沙南门附近的城墙数丈，突击部队两三千人蜂拥而上。负责防守南门的清军副将邓绍良率部拼死抵御。太平军伤亡数百人，只得后撤。其后，太平军又多次穴地攻城，由于仅限城南一面，以及突击部队组织欠

佳和清军防守顽强等原因，均未得手。太平军在长沙城郊旷日持久地与敌相持，形势日趋不利，乃于11月30日主动撤围北上，守城清军并未及时发觉。

太平军撤离长沙后，于12月3日占领益阳，获船数千只，并吸收许多船户、水手参军。9日，太平军乘船出湘阴临资口，越洞庭湖。13日占领两湖咽喉要地岳州（今湖南岳阳），缴获大批粮饷、军械（其中有清初吴三桂部所遗大批火炮），武器装备得到了改善。在这里，又有五千船户带着船只参军。太平军将船户编组成"水营"，由"典水匠"（职同将军）唐正才统率。这时，太平军总数达到了十余万人。

咸丰帝闻岳州失守，严厉申斥徐广缙，将其革职留任，并命令他以重兵在岳州北面堵截，防止太平军进入湖北。但太平军已于12月17日撤离岳州，水陆并进，直趋武昌，其势甚盛。前锋于12月19日进至距武昌仅六十里之金口。清政府害怕太平军占领武汉水陆要冲，然后北上河南或东下皖、苏，立命徐广缙亲率大军绕道援救武昌。

武昌是湖北的省会，西枕长江，东依洪山，城高墙厚，形势险要。当时武昌清军仅三千余人，湖北巡抚常大淳、提督双福看到兵力太少，将城外兵勇全部撤入城内。12月21日，自湖南来援的总兵常禄、王锦绣所率千

余名清军赶到，也全部入城，准备依城固守。为了防备太平军挖地道，常大淳等以"有碍炮路"为名，下令尽毁城外民房，大火延烧七昼夜，引起人民极大愤恨。

12月22日，陆路太平军六七千人由蒲圻直逼武昌城外，未遇任何抵抗即占领了城东洪山、小龟山、紫荆山诸要点，并向南北两翼展开，包围武昌城，同时挖沟筑垒，阻击敌人援军。水路太平军也于22日抵鹦鹉洲，经一昼夜激战，于23日占领汉阳，29日又占领汉口。攻占汉阳后，典水匠唐正才率部于汉阳、武昌间以船只相连，用巨缆横缚大木，上铺木板，架起两座可通人马的浮桥（是年长江水小，为数十年少见，更便于架浮桥），沟通

汉阳、武昌间的联系，以便进攻武昌城。

向荣于12月24日率万余援军赶到武昌附近，随后对围城的太平军多次发起攻击，但始终无法突破太平军的包围线，与城内清军取得联系。

太平军自12月25日开始进攻武昌城，先后使用了大炮、火箭、云梯等武器。清军则用炮火、唧水筒、滚木、礌石等抵御。太平军攻城未下，决定采用穴地攻城法。1853年1月12日凌晨，埋在文昌门附近的火药轰发，炸开城墙，太平军先头部队立即由缺口冲入，大队相继突进，其余太平军也缘梯而上，纷纷攻入城内。守城清军丢下武器，四散逃跑，巡抚常大淳、提督双福等丧命，武昌为太平军占领。这是金田起义以来太平军攻下的第一座省城。

攻克武汉的胜利表明，太平军已经成为一支能攻克坚城的军队。它的编制内已区分为陆营、水营、土营，具备了正规军队的规模。两年内，清廷先后调集滇、黔、川、粤、桂、湘、鄂、皖等省三四万兵力，耗银千余万两，结果非但未能将太平军消灭，反而被太平军牵着鼻子，出广西，越湖南，趋武汉，一直陷于被动。

太平军进军湖北，尤其是攻克武汉三镇后，湖北及其邻近各省纷纷告急。咸丰帝不顾财政经济困难，进一步调兵遣将，妄图阻止太平军的前进，并进而将其歼灭于长江中游地区。由于摸不清太平军下一步的进军方向，只得分兵防堵，并企图把扼守要地与主动进剿结合施行。他接连任命三名钦差大臣，指挥长江中下游地区的作战：以向荣代替徐广缙为钦差大臣，指挥二三万清军紧随太平军不舍；任命署河南巡抚琦善为钦差大臣，会同直隶提督陈金绶等，指挥从陕甘、直隶、山东、山西等省调来的清军一万九千名和从吉林、黑龙江调来的马队四千名，于河南南部的南阳、信阳、商城一线防堵太平军北上；任命两江总督陆建瀛为钦差大臣，统筹苏、皖、赣三省军务，自金陵率兵赶赴九江一带，防堵太平军沿江东下。此外，命原云贵总督罗绕典与荆州将军台涌合力筹防襄阳；命署四川总督裕瑞选派将领酌带精兵，进至四川、湖北交界一带防堵。以上总兵力约计

七八万之多。同时，还命令南北各省普遍组织团练，凡在籍官员和地方豪绅，均须筹银募勇，以镇压风起云涌的人民起义。

此时，在太平军内部，对下一步的进军方向又产生了争论：有人主张建都武昌，北进中原；有人主张东取金陵。两种意见一时统一不起来，最后杨秀清假托"天父降凡"，坚持其进军金陵的一贯主张，才结束了这场争论。但从清廷的决心和部署看，河南方向兵力较强，长江下游则相对薄弱。从太平军本身来说，由于在益阳、岳州、武汉一带获得了数以万计的船只，并已编成"水营"，成为太平军的一支重要作战力量和运输队伍，因此，顺江东下，不仅可以直接威胁清王朝赖以生存的南

洪秀全塑像

北水陆运输线和江南财源要地，而且能充分发挥水营的作用（如果北上中原，就不能发挥水陆配合作战的特长）。所以，从双方实力和天时、地利等条件来看，太平军顺江东下的决策还是较为可取的。

在武汉，太平军又吸收大量群众参加自己的队伍，形成了湘南扩军以来的第二次扩军高潮。据称，太平军离开武汉时，武昌城中"男子从者十之九，女子从者十一二"。经过短期休整之后，太平军于1853年2月9日放弃武汉。洪秀全、杨秀清等率领号称五十万之众、船万余艘，水陆并进，浩浩荡荡地顺江东下。陆路由胡以晃、李开芳、林凤祥等率领，沿长江两岸推进；水路由东、北、翼三王及秦日纲、罗大纲、赖汉英等率领，顺流而东。天王洪秀全随水路行动。

2月15日，秦日纲、罗大纲所率先锋水师于鄂东广济县南的老鼠峡一带大败陆建瀛的江防军（约三千人），毙其翼长寿春镇总兵恩长。陆建瀛在九江闻败，仓皇弃师先逃，返回金陵。沿江防兵纷纷溃散。此后，太平军长驱直进，先锋水师于2月18日占领九江，24日攻破安徽省城安庆，杀巡抚蒋文庆，并缴获大批军需物资。2月26日至3月7日，又连克安徽池州（今贵池）、铜陵、芜湖、太平府（今当涂）及和州（今和县）。由于水路太平军进展神速，陆路太平军也未遇多大抵抗即顺利地进抵

金陵城下。在进军途中，各地人民纷纷参军，使太平军的人数大增，号称百万。清廷在得知九江、安庆失守后，急命向荣率兵赶赴江苏，命琦善、陈金绶率兵急趋安徽（后又令其由皖北进兵江南），协助防守，并保卫南北漕运。

金陵当时称江宁，是江南的名城大都和政治、经济、文化中心，战略地位十分重要。它城墙高厚，周长九十余里，西北两面濒临长江，东依钟山，附近丘陵环绕，形势险要，向有"龙盘虎踞"之称。江苏清军共有绿营兵三万余人、八旗兵数千人，分守各要点，能机动之兵不足万人。太平军攻占武昌后，陆建瀛从全省抽调绿营兵四千八百人，其中三千名带赴上游防堵，一千八百名留守金陵。金陵设有江宁将军，辖旗兵三千余人。太平军进攻时，城内共有旗兵、绿营兵五千余人，另有江宁布政使祁宿藻临时募集的勇壮八九千人，协助防守。

陆建瀛于2月25日自上游逃回金陵后，数日不理政事。江苏巡抚杨文定借口防守镇江，也离城而去。江宁将军祥厚、江南提督福珠洪阿等将上述情况上奏参劾，结果陆建瀛被拿问治罪，杨文定被革职留任。可是，未等清廷的谕旨到达，太平军的先锋部队已进抵城下，陆建瀛、祥厚乃尽撤城外兵勇，依城防守。

3月7日晚，太平军陆路前锋部队进抵江宁镇的板

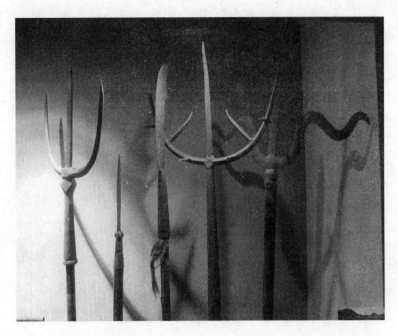

桥。3月8日，大队太平军在李开芳、林凤祥等率领下，抵达金陵城西南的善桥一带，扎营24座。次日，李开芳率数百人占领雨花台，并乘势奔过吊桥，直薄城下。当天，水师前锋亦至，分泊大胜关至草鞋峡一带江面。3月12日，太平军水陆大队继续赶到。同日，分兵占领浦口，并完成了对金陵的包围。金陵城垣南北略长，太平军陆师攻南端的聚宝门（今中华门），水师攻北端的仪凤门，以便发挥水陆两军的优势，并迫使清军分散兵力。

陆建瀛于太平军到达前即将城外防兵尽撤城内，以土袋堵塞13个城门，企图负城顽抗；同时，向清廷火急求援。清廷获悉金陵被围，大为震恐，不断催促向荣、

琦善率南北两路清军兼程向江宁、浦口急进，另令山东、河南加强黄河各渡口的防务，严格控制公私船只，防止太平军北上。

太平军选定北面的仪凤门为突破口，并决定采用行之有效的穴地攻城法。仪凤门外约半里有静海寺，太平军以此为掩护，挖掘地道，埋设火药，准备攻城。与此同时，南面聚宝门外的太平军安炮于报恩寺塔上，猛烈轰城，夜间则搬出寺内五百罗汉，以为疑兵，诱使清军彻夜打炮，不得休息。其他城门外的太平军则派出小部队进行袭扰，掩护北门外的太平军进行攻城准备。

3月19日拂晓，太平军将火药点燃，炸塌仪凤门附近城墙约两丈，数百名将士冲入北城，然后分成两支，一向鼓楼方向进攻，一循金川门至神策门（今中央门），经成贤街直指小营，杀陆建瀛于黄家塘。此后，攻入城内的太平军遭到满洲旗兵的猛烈反击，力战不胜，只得后撤，并由北门缺口退出城外。然而，防守南城的清军闻北城已破，总督被杀，便纷纷逃遁，不战而溃。于是，进攻南城的数千太平军在林凤祥、赖汉英率领下，乘夜缘梯登城，打开聚宝门、水西门、汉西门。次日黎明，大队太平军进入城内，直奔满城（明代内城，今城东南部）。江宁将军祥厚、副都统霍隆武等率旗兵拼死抵御。太平军奋勇战斗，终将满城攻破，祥厚等被杀，金陵全城遂为太平军占领。

　　太平军自金田起义后，两年多时间内，转战六省，所向披靡。这次又一举攻占金陵，全歼守敌，取得了继攻占武昌之后的又一重大胜利。这一胜利，粉碎了清廷歼灭太平军于长江中游的计划，沉重地打击了清军的气焰和信心。在这两年内，清廷耗银二千五百余万两，动员近十万军队，结果损兵折将，弃城失地，一无所获。太平军能在短期内取得如此重大的胜利，主要是采取了乘虚捣隙的方针，发扬了革命军队英勇善战的特长，特别是善于运用穴地攻城法，使不少坚城计日而下，加以

起义旗帜

太平军组织严密，纪律严明，士气高昂，其革命行动又反映了劳苦群众要求变革现状的愿望，因而得到了广大群众的支持。而清王朝方面，不仅兵力不敷分拨，而且士气低落，派系之间矛盾很大，统帅不和，事权下一，加之军队纪律败坏，军民之间势如水火，这就为太平军取得胜利提供了客观有利条件。

建都天京

　　1853年2月9日，洪秀全在武昌城内放炮祭旗，统帅五十多万大军，水陆并进，蔽江而下，向金陵（今南京）进发。一路势如破竹，1个月内过江西，下安徽，直捣金陵，12天内就占领了数朝古都。洪秀全改两江总督衙门为天王府，正式宣布建都金陵，改称天京，实现了多年所愿的伟大变革。

　　定都天京以后，为了实现改造中国的理想，洪秀全颁布了反对封建土地所有制度的纲领性文献《天朝田亩制度》，规定：把天下田地按产分为9等，依人口不分男女分配土地，15岁以下儿童减半；正式设立国库，郡设总制，县设监军，天王直接掌握任免升迁；实行寓兵于农，兵民合一的制度；凡天下婚姻不论财，革除一切旧习歪例、陋习。并且描绘了一幅"天下共享天父上主皇上帝大福，有田同耕，有饭同食，有衣同穿，有钱同使，

洪秀全宝座

无处不均匀，无人不饱暖"的理想社会蓝图。在这个理想社会中，人民丰衣足食，安居乐业，讲信修睦，老有所养，弱有所依，它反映了劳动群众拥有美好生活的愿望，代表了当时广大农民的利益，推动了革命的发展。《天朝田亩制度》成为太平天国以土地问题为中心的社会改革总纲领，它继续发展了中国历代农民战争中提出的"等贵贱、均贫富"的思想，并将中国旧式农民战争推向了废除封建土地所有制度的新高峰。

1853年到1856年间，太平天国为了捣毁清朝统治中心，巩固新生的农民政权，展开了北伐和西征。1853年5月，两万北伐军轻装北进，绕路皖北、河南、山西、宜隶，直达天津郊外，由于孤军深入，惨遭失败。北伐的同时，太平军又开辟了西征战场，夺取安徽、江西、两湖地区，立乡官，建政权。到1856年，长江变成了太平天国的一条运河，粮食和各种作战物资源源运入天京，取得了西征的重大胜利。

为了解除清军对天京的威胁，洪秀全命令太平军出击江南、江北，青年将领陈五成驾驶小船，乘黑夜穿过清军封锁线，把作战计划带给太平军镇江守将，内外夹攻，连破清军大小营垒，大破江北大营。另一支太平军从天京出发，会合石达开二万大军进攻孝陵卫，一举击溃了清军江南大营。到1856年上半年，东起镇江，西到武汉，包括江西、安徽大部分地区在内，都属于太平天国区域。至此，太平天国在军事上达到了全盛时期。

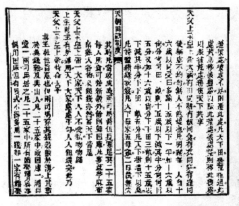

天朝田亩制度

颁布新政

　　1851年1月，太平军起义于金田时，洪仁玕没能到达。洪秀全曾两次派人到花县迎接洪仁玕。洪仁玕立即响应。1852年洪仁玕策动了谷岭起义，响应太平天国起义。起义失败后逃居香港，洪仁玕在香港期间，广泛接触西方资本主义思想，1859年辗转到达天京。

　　洪仁玕到达了天京，洪秀全大喜，立即封他为天福，继封义爵加主将，又封"开朝精忠军师顶天扶朝纲干王"，掌总理朝政大权。

　　洪仁玕总理朝纲之后，很快地向洪秀全呈上了《资政新篇》，中心思想是想通过发展资本主义来改造太平天国社会，通篇内容是一个宏伟的发展

资本主义的计划。洪秀全认真地阅读了它，并一一做了批示，接受了《资政新篇》提出的方案。

《资政新篇》是在《天朝田亩制度》之后的又一个新政，作为太平天国继续反封建反侵略的纲领，它有强烈的革命性。它是先进的中国人最早提出的在中国发展资本主义的方案，具有鲜明的资本主义性质。它明确提出了学习西方先进的政治制度和先进的科学技术，主张平等的外交等。集中反映了当时先进的中国人向西方寻找真理和探索救国救民道路的迫切愿望，符合中国社会发展方向，具有进步性。

《资政新篇》的颁布意味着洪秀全的思想又上升到了更高的一个层次，也为太平天国的革命历史谱写出了崭新的一页。

誓死对抗中外反动派

洪秀全领导的太平天国在进入19世纪60年代后，面临着越来越大的困难，因为外国侵略者已公开和清政府勾结起来，联手展开军事行动，用洋枪洋炮等新式武器绞杀太平天国运动。

1860年第二次鸦片战争结束后，资本主义各国公使进驻北京，他们通过各种手段和渠道控制清政府的内政和外交。而清政府经过两次鸦片战争和农民大起义的打击，为了挽救其摇摇欲坠的反动统治，开始愿意与外国侵略者合作。清军在联合镇压太平天国的过程中，开始采用洋枪炮，学习洋操，编练新式海陆军，同时开办兵工厂制造新式武器。清政府中一部分握有实权的人，如奕䜣、曾国藩、李鸿章等，主张"借法自强"，即依靠外国侵略者来挽救清政府。外国侵略者认为，迫使清政府屈服比较容易，而迫使中国人民屈服则极为困难，所以需要扶植清政府，把它变成自己的驯服工具。于是，在19世纪60年代到70年代初期，清朝封建统治者与外国侵略者之间，出现了一个"和好"的局面，而太平天国运动正是在这一时期被扼杀的。

1860年后，太平天国的战场形势是：清军重建的江南大营以3万兵力半包围天京，长壕透迤数十里，大小营垒百余座，长江下游也被清军的船只封锁。太平军如只靠硬攻，解围是困难的。1860年1月初，洪秀全采纳了洪仁玕提出的围魏救赵战斗方案，即太平军先东征湖州、杭州，诱使清军江南大营撤兵东援，然后再回师解救京围。1月底，洪秀全命令李秀成、李世贤等杭州、湖州进军。2月，太平军攻克杭州，击毙浙江巡抚罗遵殿。

洪秀全纪念馆

果不出洪仁玕所料，江南大营派出1.3万余人援救杭州。太平军留下旗帜作为疑兵，将主力悄悄撤走，经皖南迅速回师。4月，陈玉成、李秀成、李世贤、杨辅清等各路太平军在建平（今郎溪）会合，商定分兵5路向天京挺进。5月2日，天京的破围战打响了，各路太平军从外线包围，分5路进攻江南大营。天京城内太平军见援军已到，也主动出击。被人称之为"和帅"的钦差大臣和春从梦中惊醒，不知东南西北，稀里糊涂披衣上马，一路狂奔先逃了。江南大营帮办军务、江南提督张国樑在丹阳南门吓得骑马落水，自溺而死。和春在苏州城外悔恨交集，又听到"副帅"张国樑的死讯，便用酒吞服鸦片自杀。江南大营的营垒长壕被太平军——荡平，营中的几十万两银子和军火局的枪炮火药都成了太平军的战利品。

1860年5月11日，太平军各主要将领会聚天京，庆贺解围胜利。洪秀全主持召开最高军事会议，确定战略方针分为两步：先东征，迅速夺取苏州、常州；再回师西征武昌，消灭湘军主力，解救安庆。

5月15日，洪秀全派李秀成率军东征，先后占领常州、苏州、嘉兴、松江等地。苏南和浙西许多州县归入太平天国版图，洪秀全决定建立苏福省，以苏州为首府，包括周围20多个州县。建立各级政权，确立税收政策。

苏福省的建立对于巩固天京政权和支援后期战争具有重要的战略意义。

9月，洪秀全召集陈玉成、李秀成开会，确定了"会攻武昌，解围安庆"的西征战略。

陈玉成率军9月30日离天京，联合皖北捻军，组成六万多

人的队伍，次年3月进占湖北黄州府城（今黄冈）。这时，英国侵华舰队司令贺布、参赞巴夏礼到汉口。巴夏礼专程到黄州会见陈玉成，百般阻挠太平军接近武汉。李秀成比陈玉成晚1个月出兵，经皖南，威胁湘军老巢祁门。次年2月李秀成进入江西，6月进至湖北。英国驻汉口领事金执尔到兴国竭力劝李秀成放弃进攻武汉。由于外国干涉者的破坏，加上李秀成轻视这次西征"合取湖北"的重要意义，7月从湖北退兵，9月由江西进取浙江。安庆已被清军包围1年，陈玉成、洪仁玕等援军均未能冲破清军包围圈。

1861年9月5日，清军用地雷轰塌西门城墙，太平军守将叶芸来、吴定彩率全军一万六千多人一直战斗到最后，全部壮烈战死。安庆——这个太平天国控制9年的上游据点失守，从此天京西面失去屏障，处于湘军的直接威胁之下。陈玉成、李秀成的西征宣告失败。

安庆失守后，陈玉成率军先退居庐州，又突围北走寿州，被地主团练头子苗沛霖出卖。先前苗沛霖因内部摩擦投向太平军，表示愿受陈玉成指挥。但后来又暗投清将胜保。他假装欢迎陈玉成到寿州去。陈玉成没有识破这个骗局，仅带少数随从入城，被苗沛霖抓住送到胜保的颍州大营。胜保在审讯时要陈玉成跪下，陈玉成怒斥手下败将胜保，"你见打仗就跑，在白石山我踏破你50个营，你全军覆没，只带了十几匹马抱头而窜。我叫饶你一条性命。我怎能跪你？好不自重的物件！"胜保厚着脸皮劝陈玉成投降，陈玉成大义凛然，厉声喝道："大丈夫死则死耳，何饶舌也！"表现了一个农民革命英雄的铮铮铁骨。胜保将陈玉成以槛车解送北京，听说太平军和捻军准备拦截，便在河南延津将他杀害。那是1862年6月4日，陈玉成才26岁。陈玉成是太平天国后期重要的将领，他忠心耿耿，把自己的一切都献给了太平天国事业。安庆的失陷和陈玉成的牺牲，是太平天国后期极为沉重的挫折。

1863 年 12 月 4 日，苏州失守，李秀成回到天京。由于苏浙根据地濒于瓦解，天京孤立，形势万分危急。李秀成向洪秀全提出放弃天京的建议，遭到洪秀全的斥责。从这年夏天起，天京已出现粮荒。洪秀全带头吃野草，并令全城军民以吃"甜露"（野草代称）充饥，誓同敌人血战到底。1864 年 5 月下旬，洪秀全因积劳成疾而身染重病。临终前他下诏，要求太平军将士坚定胜利信心，努力杀敌，"朕即上天堂，向天父、天兄领到天兵，保固天京"。

6 月 3 日，洪秀全病逝，享年 52 岁，其长子洪天贵福继位，时年 16 岁。此时天京城内军民不足三万，能战斗的只有三四千人，但他们不畏强敌，仍顽强地抗击清军的进攻。7 月 19 日天京陷落，太平军英雄们或战死或聚众自焚，无一人投降，用生命的代价写下了太平天国史上最悲壮的一页。